A. Hanau · R. Plate

Die deutsche landwirtschaftliche Preis- und Marktpolitik im Zweiten Weltkrieg

Quellen und Forschungen zur Agrargeschichte

Begründet von
Günther Franz und Friedrich Lütge

Herausgegeben von
Professor Dr. Wilhelm Abel, Göttingen, und
Professor Dr. Günther Franz, Stuttgart-Hohenheim

BAND 28

Die deutsche landwirtschaftliche Preis- und Marktpolitik
im Zweiten Weltkrieg

GUSTAV FISCHER VERLAG · STUTTGART
1975

Die deutsche landwirtschaftliche Preis- und Marktpolitik im Zweiten Weltkrieg.

Von

Arthur Hanau, Göttingen

Roderich Plate Stuttgart

24 Abbildungen und 48 Übersichten

GUSTAV FISCHER VERLAG · STUTTGART
1975

Anschriften der Verfasser:

Professor Dr. Dr. h. c. Arthur Hanau, 34 Göttingen, Merkelstrasse 37
Professor Dr. Dr. h. c. Roderich Plate, 7 Stuttgart 70, Steckfeldstrasse 30

CIP-Kurztitelaufnahme der Deutschen Bibliothek

Hanau , Arthur
Die deutsche landwirtschaftliche Preis- und Marktpolitik
im Zweiten Weltkrieg / von Arthur Hanau; Roderich Plate.
  (Quellen und Forschungen zur Agrargeschichte;
  Bd. 28)
  ISBN 3-437-50183-6
NE: Plate , Roderich:

© Gustav Fischer Verlag · Stuttgart · 1975
Alle Rechte vorbehalten
Druck: Offsetdruckerei Karl Grammlich, Pliezhausen
Einband: Grossbuchbinderei Maier, Echterdingen
Printed in Germany

Vorwort

Nach Ende des Zweiten Weltkrieges hat das Food Research Institute an der Stanford University in Kalifornien ein weltweites Forschungsobjekt über Ernährung und Landwirtschaft im Zweiten Weltkrieg ("Studies on Food, Agriculture, and World War II") in die Wege geleitet. Im Rahmen dieses Projektes waren unter der Initiative und Herausgeberschaft von Professor Dr. Dr. h. c. Karl Brandt, dem ehemaligen Direktor des Instituts für landwirtschaftliche Marktforschung an der Landwirtschaftlichen Hochschule Berlin und späteren Direktor des Food Research Institute, zwei Bände über die deutsche Agrar- und Ernährungspolitik im Zweiten Weltkrieg ("Germany's Agricultural and Food Policies in World War II") vorgesehen:

I.: The Management of Agriculture and Food in Germany
- A Study in Planned Economy -
II.: Management of Agriculture and Food in the German-occupied and other Areas of Fortress Europe
- A Study in Military Government -

Bisher ist nur Band II als Publikation des Food Research Institute erschienen (Stanford University Press, California, USA, 1953).

Auf Wunsch des Herausgebers, mit dem wir im Institut für landwirtschaftliche Marktforschung an der Landwirtschaftlichen Hochschule Berlin bis zu dessen Schliessung im Jahre 1933 in gemeinsamer Arbeit verbunden waren, haben wir uns in den Jahren 1948 bis 1949 während unserer Tätigkeit im Institut für landwirtschaftliche Marktforschung der Forschungsanstalt für Landwirtschaft Braunschweig-Völkenrode dieser für Band I vorgesehenen Studie über "Die deutsche landwirtschaftliche Preis- und Marktpolitik im Zweiten Weltkrieg" gewidmet. Wir stützten uns dabei auf unsere Erfahrungen auf dem Gebiet der Agrarmarktforschung, ohne selbst im Marktwesen des Reichsnährstandes tätig gewesen zu sein. Um unseren Beitrag interessierten Kreisen zugänglich machen zu können, erbaten und erhielten wir vom Food Research Institute die Genehmigung zu dieser Veröffentlichung. Hierfür möchten wir auch an dieser Stelle danken.

Die deutsche landwirtschaftliche Preis- und Marktpolitik im Zweiten Weltkrieg basierte auf der ab 1933 vom nationalsozialistischen Regime eingeführten und von den dafür zuständigen Organen des zu gleicher Zeit gegründeten "Reichsnährstandes" praktizierten "Marktordnung". In den folgenden Jahren wurden die damit begründeten Marktregelungen ausgebaut und gestrafft. Sie bildeten schliesslich das Gerüst der Zwangswirtschaft im Kriege.

Um diese Genesis deutlich zu machen, haben wir die Darstellung nicht auf die kriegswirtschaftlichen Regelungen beschränkt, sondern auch die ab 1933 schrittweise durchgeführte Preis- und Marktpolitik des Reichsnährstandes einbezogen. Die Untersuchung zeigt, wie innerhalb des damaligen politischen Rahmens die landwirtschaftliche Preis- und Marktpolitik durch eine Kombination marktwirtschaftlicher und dirigistischer Massnahmen gestaltet wurde. Die speziellen Massnahmen zur Beeinflussung der Produktion und des Verbrauchs, wie z. B. die Versorgung der Landwirtschaft mit Betriebsmitteln und die Nahrungsmittelrationierung, werden hier nicht behandelt.

Unsere Studie wird in der bereits 1949 abgeschlossenen Fassung vorgelegt. Neuere Literatur (1) brauchte in diesem Rahmen nicht mehr berücksichtigt zu werden, weil sie - soweit wir feststellen konnten - unsere auf die landwirtschaftliche Preis- und Marktpolitik des Nationalsozialismus vor und im Zweiten Weltkrieg konzentrierte Untersuchung in dieser Sache nicht weiterführt.

Im März 1975
A. Hanau
R. Plate

---

(1) Hier sind besonders zu nennen:

Gies, H.: Die nationalsozialistische Machtergreifung auf dem agrarpolitischen Sektor. "Zeitschrift für Agrargeschichte und Agrarsoziologie", Jg. 16, H. 2 (Oktober 1968), S. 210 - 232.

Pietschmann, E.: Landwirtschaftliche Marktwirtschaft zwischen den beiden Weltkriegen. (Hrsg. Albrecht-Thaer-Gesellschaft), Hannover 1969.

Riecke, H. J.: Ernährung und Landwirtschaft im Kriege. In: Bilanz des Zweiten Weltkrieges. Oldenburg 1953.

Schmitz, H.: Die Bewirtschaftung der Nahrungsmittel und Verbrauchsgüter 1939 - 1950. Essen 1956.

Tornow, W.: Chronik der Agrarpolitik und Agrarwirtschaft des Deutschen Reiches von 1933 - 1945. "Berichte über Landwirtschaft", 188. Sonderheft, Hamburg und Berlin 1972.

Inhaltsverzeichnis

I. Die allgemeine Wirtschafts- und Finanzpolitik als Rahmen für die landwirtschaftliche Preis- und Marktpolitik 1

II. Die Ziele der Preis- und Marktpolitik 5

III. Preispolitik, Subsidien und Prämien 8

    1. Das Festpreissystem und die allgemeine Preisentwicklung für landwirtschaftliche Erzeugnisse 8
    2. Der Preis als Mittel der Erzeugungssteuerung 10
    3. Die Preisstaffelungen 12

        a) Regionale Preisabstufung 12
        b) Jahreszeitliche Preisstaffelung 13
        c) Preisstaffelung nach der Qualität 13

    4. Subsidien zwecks Schonung der Verbraucher 13
    5. Geld- und Naturalprämien 14
    6. Die Preise für landwirtschaftliche Produktionsmittel 21
    7. Bekämpfung des Schwarzen Marktes 23

IV. Marktordnung und Kriegsernährungswirtschaft 25

    1. Motivierung 25
    2. Organisatorische Grundlage 25
    3. Erfassung und Regulierung der Warenbewegung vor dem Kriege 28
    4. Die Warenbewirtschaftung im Kriege 32

        a) Ausbau des Ablieferungssystems 32
        b) Verbrauchsregelung 34

    5. Einschleusung der Einfuhr 35

V. Die einzelnen Warenmärkte 39

    1. Getreide, Brot, Nährmittel 39

        a) Die Preis- und Marktordnung 39
        b) Der Vorratsaufbau 1937 - 1939 41
        c) Kriegswirtschaftliche Massnahmen 45

    2. Kartoffeln 50

        a) Die Lage um 1932 und die Entwicklung des Kartoffelbaues unter dem Einfluss der Autarkiepolitik 50

b) Die Preis- und Marktordnung ... 51
c) Sondermassnahmen in der Kriegswirtschaft ... 53

aa) Die Ausnutzung der Kartoffel für die Getreidevorratswirtschaft ... 53
bb) Die Sicherung des steigenden Speisekartoffelbedarfs im Kriege ... 56
cc) Der Versuch einer Anbauausweitung im Jahre 1942 ... 59

3. Zuckerrüben und Zucker ... 60
a) Die Zuckerpreispolitik bis 1933 und ihre Auswirkungen auf Erzeugung und Verbrauch ... 60
b) Die Zuckerpreispolitik nach 1933 und ihre Auswirkungen auf die Ernährungs- und Futterwirtschaft im Kriege ... 64

4. Gemüse und Obst ... 67
a) Die Preis- und Marktregelung ... 67
b) Preisentwicklung und Versorgung im Kriege ... 70

5. Milch ... 74
a) Die Lage am Milchmarkt um 1932 ... 74
b) Die Markt- und Preisordnung ... 74

aa) Die Verminderung der Auslandskonkurrenz auf dem Fettmarkt ... 74
bb) Die molkereimässige Erfassung der Milch als Grundlage der Marktordnung und einer geregelten Fettversorgung im Kriege ... 75
cc) Die Preisordnung ... 80

c) Massnahmen zur Erzeugungssteigerung ... 81

aa) Umstellung und Erweiterung der Futtergrundlage ... 81
bb) Die Einführung der pflichtmässigen Milchleistungsprüfung ... 83
cc) Preiserhöhungen und Prämien ... 84

6. Fette ... 87
a) Die Lage am Fettmarkt um 1932 ... 87
b) Einschränkung und Verteuerung des Margarineverbrauchs zur Hebung des Absatzes und der Preise für Inlandsfette ... 89
c) Sonstige Massnahmen zur Förderung der inländischen Fettproduktion und ihre Bedeutung für die Fettversorgung im Kriege ... 92

7. Schlachtvieh und Fleisch ... 95
a) Die Entwicklung des Vieh- und Fleischmarktes nach der Deflationskrise ... 95
b) Die Preis- und Marktordnung ... 97
c) Wichtige markt- und preispolitische Massnahmen ... 101

aa) Regulierung des Ausmästungsgrades der Schweine durch die Preise ... 101
bb) Schweinemastverträge und Schafmastverträge ... 108

cc) Die Erweiterung des Schweinebestandes 1942/43	109
dd) Die Erhaltung des Rindviehbestandes	112
8. Eier	114
a) Die Markt- und Preisordnung	114
b) Die Preispolitik	115
c) Massnahmen zur Rationalisierung der Hühnerhaltung	117
VI. Einkommen und Finanzlage der Landwirtschaft	119
Literatur	124

Erläuterung des Gebietsstandes:

Die Zahlenangaben über Deutschland beziehen sich - soweit nicht ausdrücklich anders vermerkt - auf den

Gebietsstand von 1937, d. i. das sog. "Altreich"

und (meist bei den Angaben für die Zeit ab 1939) auf den

Gebietsstand vom 1. 9. 1939, d. i. das "Altreich" mit Österreich, dem Sudetenland und dem Memelland.

I. Die allgemeine Wirtschafts- und Finanzpolitik als Rahmen für die landwirtschaftliche Preis- und Marktpolitik

Die landwirtschaftliche Markt- und Preispolitik kann nur richtig verstanden und beurteilt werden, wenn man sie im Rahmen der allgemeinen Wirtschafts- und Finanzpolitik betrachtet. Einer der wichtigsten und häufigsten Gründe für die fehlerhafte Beurteilung agrarwirtschaftlicher Vorgänge liegt darin, dass die Vorgänge an den landwirtschaftlichen Märkten zu eng als agrarwirtschaftliche Erscheinungen und nicht im Rahmen der allgemein wirtschaftlichen Dynamik gesehen werden.
Der Übergang Deutschlands zur Kriegswirtschaft brachte in der deutschen Wirtschafts- und Finanzpolitik weniger eine grundsätzliche Veränderung als eine Straffung, Ergänzung und schliesslich Übersteigerung der vom nationalsozialistischen Regime ab 1933 mehr und mehr ausgebauten Wirtschaftslenkung. Die Kriegswirtschaft kann daher nur verstanden werden als Fortsetzung der vorangegangenen Wirtschaftspolitik. Die Entwicklung dieser Wirtschaftspolitik muss daher mit in den Kreis der Betrachtung gezogen werden.
Ab 1933 nahm die Einflussnahme des Staates auf die Wirtschaft stetig zu. Schritt für Schritt entwickelte sich die deutsche Wirtschaft zu der Form der "Zentralverwaltungswirtschaft". Diese Entwicklung war nicht das Ergebnis einer bewussten Planung, sondern ergab sich aus den politischen Zielen und zu einem sehr wesentlichen Teil aus dem Zwang der Verhältnisse. Mit ihr wurden auch die Mittel zu ihrer Durchführung entwickelt, die im Laufe der Zeit teils zwangsläufig immer schärfere Formen annahmen. Ihren Ausgang nahm diese Entwicklung mit der Aufnahme umfangreicher öffentlicher Arbeiten (vor allem Strassenbau und Meliorationen), die dazu dienen sollten, die in der Deflationskrise entstandene grosse Arbeitslosigkeit zu beheben. Im einzelnen sind drei Phasen der Entwicklung zu unterscheiden:

1. Die erste Phase reicht von 1933 bis Ende 1936; sie ist gekennzeichnet durch die Massnahmen zur Beseitigung der Arbeitslosigkeit. Mit Hilfe der Kreditschöpfung des Staates wurde die steigende Ausnutzung der vorhandenen Produktionskapazitäten bewerkstelligt. Die in der Deflationskrise brachgelegten Wirtschaftskräfte wurden durch die öffentliche Arbeitsbeschaffung und ab 1934/35 in steigendem Masse durch die Aufrüstung wieder eingespannt. Gegen Ende der Periode näherte sich die Wirtschaft dem Zustand der Vollbeschäftigung. Preise und Löhne wurden im grossen ganzen gehalten. Nur die Preise der landwirtschaftlichen Erzeugnisse, die - wie auch in anderen Ländern - in der Krise allzustark gesunken und in ein Missverhältnis zu anderen Preisgruppen geraten waren, wurden bewusst gehoben. In Zusammenhang damit wurde bereits eine weitgehende Warenlenkung für Agrarerzeugnisse (landwirtschaftliche Marktordnung) eingeführt. Um die Auslands-

abhängigkeit der Nahrungs- und Futtermittelversorgung zu vermindern, wurde 1934 ein Programm zur Steigerung der landwirtschaftlichen Produktion ("Erzeugungsschlacht") begonnen.

Da an der alten Goldparität der Reichsmark festgehalten wurde, ergaben sich mit der Belebung der inneren Wirtschaft Preisspannungen gegenüber dem Ausland, die eine Verschärfung der Devisenbewirtschaftung, die schon seit 1931 bestand, erforderlich machten. Durch den "Neuen Plan" wurde 1934 die völlige Kontrolle und staatliche Regulierung der Einfuhr eingeführt. Die Ausfuhr wurde im Rahmen des Zusatz-Ausfuhr-Verfahrens gestützt.

2. Die zweite Phase erstreckte sich von 1937 bis zum Kriegsausbruch. Sie stand im Zeichen verstärkter Aufrüstung. Um die Spannungen zur Aussenwirtschaft, die sich durch die forcierte Entwicklung der inneren Wirtschaft ergaben, zu kompensieren, wurde im Rahmen des im Herbst 1936 verkündeten ersten Vierjahresplanes die deutsche Volkswirtschaft beschleunigt und systematisch auf möglichst weitgehende Selbstgenügsamkeit eingestellt. Lebens- und kriegswichtige Rohstoffproduktionen wurden entwickelt. Da im Laufe dieser Periode Vollbeschäftigung erreicht wurde, traf der Ausbau der Rohstoff- und Rüstungsindustrien auf eine erheblich weniger ausweitungsfähige Produktion; er musste also bereits zum Teil unter Einengung des zivilen Bedarfs vor sich gehen. Zu diesem Zweck wurde im Rahmen des Vierjahresplanes die staatliche Wirtschaftslenkung ausgebaut. Wichtige Rohstoffe und schliesslich auch die Arbeitskräfte wurden vom Staat in Bewirtschaftung genommen und den zu fördernden Industrien bevorzugt zugeteilt. Selbstverwaltungsorganisationen der Wirtschaft wurden ins Leben gerufen und in den Dienst der Warenbewirtschaftung gestellt. Das bedeutete natürlich eine weitgehende Einschränkung des freien Spiels der Kräfte.

Der Gefahr einer inflationistischen Preisaufblähung, die durch weitere umfangreiche Kreditschöpfung einerseits sowie durch die Beschränkung der zivilen Produktion andererseits gegeben war, wurde durch die Preisstopverordnung vom 26. November 1936 entgegengewirkt. Jede Erhöhung der Preise für Güter und Dienstleistungen über den derzeitigen Stand wurde grundsätzlich verboten; Ausnahmen wurden von der Genehmigung des Reichskommissars für die Preisbildung abhängig gemacht. Preiserhöhungen wurden im allgemeinen nur zugelassen, wenn die Existenz von Betrieben oder Wirtschaftszweigen gefährdet war, deren Erhaltung volkswirtschaftlich gerechtfertigt erschien; ausserdem wurden Preisaufschläge, die durch die Verteuerung importierter Rohstoffe gerechtfertigt waren, in der Regel gestattet. Ein ausgedehntes Preisüberwachungssystem sorgte für die Einhaltung der Preisvorschriften. Ein offizieller Lohnstop wurde nicht verkündet; lediglich für einige Wirtschaftszweige wurden Höchstlöhne eingeführt. Jedoch wurden grössere Lohnerhöhungen und jeder Anlass, der zu entsprechenden Forderungen führen konnte, ängstlich vermieden. Im übrigen lag die Regelung der Löhne und Arbeitsbedingungen ohnehin in den Händen der vom Staat bestellten "Treuhänder der Arbeit" und der nationalsozialistischen "Deutschen Arbeitsfront", in der nach Auflösung der Gewerkschaften und Arbeitgeberverbände sämtliche Arbeitnehmer und Arbeitgeber organisatorisch zusammengefasst waren. Die unter Ausschaltung der Pressefreiheit arbeitende staatliche Propaganda trug hier - wie auch auf allen anderen Gebieten - dazu bei, die öffentliche Meinung in Bahnen zu lenken, in denen sie der vom Staate verfolgten Wirtschaftspolitik keinen Abbruch tun konnte. Trotz allem stieg das Lohneinkommen durch Mehrbeschäftigung, steigende Arbeitszeit, Überstunden- und Feiertagszuschläge ständig und damit auch die Nachfrage nach Konsumgütern. Die bereits weit entwickelte Regulierung des Warenverkehrs und der Vorratswirtschaft auf dem Ernährungssektor sorgte für gleichmässige regionale und jahreszeitliche Steuerung der Versorgung mit Lebensmitteln und half über bereits zeitweilig auftretende Spannungen zwischen Angebot und Nachfrage hinweg. Im übrigen wurde mit Hilfe der Organisation "Kraft durch Freude" versucht, Kaufkraft in stärkerem Masse für Reisen und Unterhaltungsleistungen in Anspruch zu nehmen oder auf das Gebiet der Motorisierung zu lenken (z. B. durch das Sparen für den Volkswagen), das im Interesse der Rüstung stark entwickelt werden sollte.

3. Die dritte Phase begann mit Kriegsausbruch. Das bereits weit entwickelte System der Wirtschaftslenkung wurde in eine straff geführte Zentralverwaltungs-Wirtschaft übergeleitet. Durch strenge Rationierung wurden die Zuteilungen für den privaten Verbrauch nach und nach auf den Umfang beschränkt, der zur Aufrechterhaltung des Lebens sowie der Arbeits- und Kampfmoral für notwendig gehalten wurde. Was darüber hinaus aus laufender Produktion, Leistungen, Beständen und Einfuhren zur Verfügung stand, wurde vom Staat für die Kriegsführung in Anspruch genommen.

Einer allzu starken Aufblähung der nominalen Kaufkraft, der ja ohnehin keine ausreichenden Warenmengen gegenüberstanden, wurde durch einen offiziellen Lohnstop, verschärfte Bestimmungen über die Preisbildung und strengere Preisüberwachung entgegengewirkt. Die überschüssige Kaufkraft wurde durch Erhöhung einer Reihe von Steuern und die Abführung von Kriegsgewinnen zu einem Teil abgeschöpft. Selbstverständlich war es aber nicht möglich, die gesamte überschüssige Kaufkraft auf diese Weise wegzusteuern, weil damit die Leistungsfreudigkeit von Unternehmern und Arbeitnehmern beeinträchtigt worden wäre. Infolgedessen musste im Laufe der Zeit immer mehr unbefriedigte Kaufkraft auflaufen. Eine Vorstellung von ihrem Umfang vermitteln die Zahlen über die Entwicklung des Nettoeinkommens und der Ausgaben von Privaten (vgl. Übersicht 1). Das Anwachsen des überschüssigen Einkommens brachte schliesslich die Gefahr einer Unterhöhlung des gesamten Preis- und Bewirtschaftungssystems mit sich, obwohl Preiswucher und Schwarzhandel mit ausserordentlich harten Strafen, ja sogar mit der Todesstrafe bedroht waren.

Deshalb wurde die Sterilisierung der aufgestauten Kaufkraft durch Einrichtung von Sperrkonten (Eisernes Sparen) und ähnliche Mittel angestrebt. Am wirksamsten war jedoch letzten Endes die Propaganda zur Bekräftigung des Spartriebs, der fraglos in starkem Masse vorhanden war. Die entscheidende Grundlage dieser Propaganda war das Vertrauen in die Beständigkeit des Geldwertes. Auch aus psychologischen Gründen wurde deshalb gerade im Konsumbereich an den bestehenden Preisen mit aller Zähigkeit festgehalten, auch wenn in dem einen oder anderen Falle zahlreiche Gründe für eine Preisheraufsetzung sprachen. Preise und Lebenshaltungskosten stiegen infolgedessen in Deutschland von Kriegsbeginn bis Ende 1943 nur um etwa 9 vH, während sie sich in allen übrigen Ländern um ein Vielfaches erhöhten (vgl. Übersicht 2). Tatsächlich hat die Bevölkerung bis ins letzte Kriegsjahr hinein die Vorstellung bewahrt, dass die Mark noch eine bestimmte Kaufkraft habe oder jedenfalls wieder bekommen würde. Die Entgegennahme von Geld als Äquivalent einer Arbeits- oder Sachleistung wurde daher bis zum Kriegsende nicht verweigert. Der Schwarzmarkt und der Tauschhandel spielten nur eine unbedeutende Rolle und stellten für die staatliche Bewirtschaftung noch keine gefährliche Konkurrenz dar.

Übersicht 1: Nettoeinkommen und Ausgaben von Privaten in Deutschland 1938 - 1942 (jeweiliges Reichsgebiet)

Vorgang	1938	1939	1940	1941	1942
	Milliarden Reichsmark				
Nettoeinkommen der Privaten (1)	66	81	95	102	105-110
Private Ausgaben (2)	59	67	72	71	65- 70
Überschuss der Nettoeinkommen	7	14	23	31	rd. 40

Quelle: O. Donner, Die deutsche Kriegswirtschaft. Nauticus, Jg. 27 (1944).
(1) Bruttoeinkommen abzüglich Personalsteuern und Beiträge.
(2) Für Verbrauch und Investitionen.

Übersicht 2: Entwicklung der Grosshandelspreise und der Lebenshaltungskosten während des Krieges in Deutschland und im Ausland (Preisindexziffern, August 1939 = 100)

Länder	Grosshandelspreise		Ernährungskosten		Lebenshaltungskosten	
	August 1943	Dezember 1943	August 1943	Dezember 1943	August 1943	Dezember 1943
Deutsches Reich	109,2	108,8	111,5	107,0	111,1	108,8
Bulgarien	234,5	.	.	.	.	.
Dänemark	192,8	193,7	-	-	-	-
Finnland	241,0	.	192,1	194,1	188,1	195,0
Norwegen	178,0	178,4	153,4	.	150,0	.
Portugal	.	.	161,2	.	162,5	.
Rumänien	.	.	.	.	451,0	476,1
Schweden (1)	175,7	175,7	-	140,4	-	142,0
Schweiz	202,5	204,7	160,6	162,3	148,3	149,6
Spanien	170,4	181,1	179,5	.	163,8	169,0
Ungarn	257,5	.	137,0	.	196,0	.
Grossbritannien	166,0	166,9	120,2	122,6	128,4	128,4
Argentinien	198,5	.	.	.	.	.
Peru	200,5	.	.	.	.	.
Vereinigte Staaten	137,1	137,3	.	.	.	.
Japan	140,0	.	.	.	129,4	.

Quelle: Wirtschaft und Statistik.
(1) Ernährungs- und Lebenshaltungskosten für Schweden: Juni 1939 = 100.

II. Die Ziele der Preis- und Marktpolitik

Die Ziele der landwirtschaftlichen Preis- und Marktpolitik bewegten sich in zwei Hauptrichtungen:

1. Möglichst weitgehende Sicherung der Ernährung aus eigener Produktion;
2. Versorgung der Bevölkerung zu möglichst niedrigen, vor allem aber stabilen Preisen, um das allgemeine Preis- und Lohnniveau und die darauf aufgebaute Finanzpolitik nicht zu erschüttern.

Die Abhängigkeit der Ernährung von Zufuhren aus dem Auslande, durch die sich die Regierung in ihrer Handlungsfreiheit beengt fühlte, sollte soweit wie möglich vermindert werden. In Anbetracht der verhängnisvollen Auswirkung der Einfuhrabhängigkeit im Ersten Weltkrieg sollte für den Fall eines Krieges ausreichende Ernährung aus eigener Produktion, wenn auch auf primitiver Grundlage, gesichert werden. Zur Erreichung dieses Ziels, der "Erringung der Nahrungsfreiheit", musste sowohl die Erzeugung als auch die Verwendung von Agrarprodukten in bestimmte Richtungen gelenkt werden. "Mehr erzeugen und das Erzeugte sparsamer verwenden" wurde als Parole der "Erzeugungsschlacht" ausgegeben. Der pflanzlichen Urerzeugung wurde grundsätzlich der Vorrang gegeben, während die Viehwirtschaft das Erzeugte, soweit es nicht zur unmittelbaren menschlichen Ernährung beansprucht wurde, auf die sparsamste Weise in Veredelungsprodukte umsetzen sollte. Eine besondere Förderung sollten diejenigen Wirtschaftszweige erfahren, die infolge der weltwirtschaftlichen Verflechtung zurückgegangen waren, weil bei ihnen die Einfuhrabhängigkeit am grössten war. Für die einzelnen Produkte wurden im Rahmen des Produktionsprogramms folgende Grundsätze aufgestellt:

Die Getreideerzeugung sollte auf einer Höhe gehalten werden, die die Brot- und Nährmittelversorgung und den unbedingt notwendigen Futtergetreidebedarf sicherstellte. Die wirtschaftlichen Bedingungen mussten also so gestaltet werden, dass der intensive Getreidebau auch unter Verhältnissen erhalten blieb, die für die Getreideproduktion nach Boden und Klima weniger günstig waren. Besondere Bedeutung kam dabei dem Roggen als der wichtigsten Getreideart der leichten und mittleren Böden zu. Seine Verwendung als Futtergetreide sollte zugunsten der Brotgetreideversorgung mehr und mehr eingeschränkt und während des Krieges ganz unterbunden werden, was für die Viehhaltung bestimmter Gebiete von einschneidender Bedeutung war (1).

---

(1) Ab Mitte 1937 bestand ein Verfütterungsverbot für Roggen, doch wurde bis Anfang des Krieges noch mindestens ein Fünftel der Ernten als "Hinterkorn" verfüttert.

Der Hackfruchtbau war der wichtigste Hebel für die Steigerung der Bodenproduktion, da er die höchsten Erträge an Nährwerten je Flächeneinheit liefert. Dementsprechend wurde die Intensivierung und Ausweitung des Hackfruchtbaues angestrebt. Soweit die steigenden Zuckerrüben- und Kartoffelernten nicht zur Deckung des Speisekartoffel- und Zuckerbedarfs benötigt wurden, sollten sie einen Teil des früher eingeführten Futtergetreides ersetzen. Es musste also ein Anreiz zur Steigerung der Erträge und Ausweitung der Anbauflächen auf Kosten von weniger ertragreichen Kulturen gegeben werden. Darüber hinaus mussten die wirtschaftlichen Voraussetzungen für die Zuckerrüben- und Kartoffeltrocknung zur Streckung des Futtergetreides geschaffen werden. Der Gemüseanbau musste vor allem während des Krieges erheblich ausgedehnt werden, als das Gemüse infolge Rationierung fast aller anderen Lebensmittel zum wichtigsten Ausweichnahrungsmittel wurde.

Die Ölfrüchte und Faserpflanzen, deren Kultur aus betriebswirtschaftlichen Gründen und durch die starke Konkurrenz ausländischer Ölfrüchte, Fette und Faserrohstoffe praktisch restlos zugunsten ertragreicherer Pflanzen aufgegeben worden war, sollten wieder in den Anbau eingeschaltet werden, um die völlige Einfuhrabhängigkeit bei den Margarine- und Textilrohstoffen zu mildern. Dies konnte nur durch aussergewöhnlich starke Preiserhöhungen erreicht werden.

Der Futterbau (Wiesen, Weiden und Ackerfutterbau), der mehr als ein Drittel der landwirtschaftlichen Nutzfläche einnimmt, bringt die niedrigsten Erträge an Nährwerten je Flächeneinheit. Eine flächenmässige Ausdehnung war deshalb im Interesse einer allgemeinen Produktionssteigerung unerwünscht. Vielmehr sollte die geforderte Ausdehnung des Hackfrucht- und Ölfruchtbaues zum Teil zu Lasten des Ackerfutterbaues gehen. Auf der anderen Seite musste die Milchproduktion mit Rücksicht auf die starke Einfuhrabhängigkeit der Fettwirtschaft aufrechterhalten, womöglich gesteigert werden, wobei noch erhebliche Mengen ausländischer Eiweissfuttermittel (Ölkuchen) durch wirtschaftseigenes Futter ersetzt werden sollten. Es waren also die wirtschaftlichen Voraussetzungen für eine starke Intensivierung des Futterbaues und für eine verbesserte Konservierung der anfallenden Futtermengen zu schaffen, ohne gleichzeitig einen Anreiz zur Ausdehnung der Futterflächen zu geben.

Die Veredelungswirtschaft sollte im wesentlichen auf der heimischen Futterbasis beruhen. Da aber die Einsparung der Futtermitteleinfuhr durch die Steigerung der Bodenproduktion allein nicht bewerkstelligt werden konnte, sollte Hand in Hand mit ihr eine Rationalisierung der Viehwirtschaft vor sich gehen, die zu einer besseren Ausnutzung der verfügbaren Futtermittel führte. Es war also zunächst darauf Bedacht zu nehmen, dass kein Anreiz zu einer unerwünschten Vermehrung der Viehbestände gegeben wurde. Dies galt in besonderem Masse für die Schweine- und Geflügelhaltung. Schweine und Geflügel beanspruchen als Futter hauptsächlich Getreide und Kartoffeln. Aus den verfügbaren Mengen sollte aber zunächst unbedingt der Bedarf an Brot, Nährmitteln und Speisekartoffeln gedeckt werden. Darüber hinaus war das Arbeitsvieh mit Vorrang zu versorgen und unter Umständen auch noch das Milchviehfutter zu ergänzen. Erst der danach verbleibende Rest sollte für die Schweinefleisch- und Eierproduktion verwendet werden. Mit Hilfe der Preis- und Marktpolitik musste es also möglich sein, den Umfang der Produktion jederzeit den gegebenen Futterverhältnissen anzupassen, was besonders im Kriege bei dem ständig steigenden Direktverzehr von Getreide und Kartoffeln von höchster Bedeutung war.

Dabei sollte gleichzeitig der Anreiz zu möglichst rationeller Gestaltung der Produktion gegeben werden.

Bei der Verfolgung dieser Produktionsziele waren der Preis- und Marktpolitik durch die Forderung nach niedrigen und stabilen Verbraucherpreisen bestimmte Grenzen gesetzt. In den ersten Jahren nach der Krise 1929/32 waren das gesamte Wirtschaftsniveau und das Verbrauchereinkommen noch so niedrig, dass man die Konsumenten im allgemeinen nicht durch grössere Preissteigerungen belasten konnte. Wo das nicht zu vermeiden war, wie bei der Durchführung des sogenannten Fettplanes (1), wurde wenigstens die minderbemittelte Bevölkerung durch besondere Massnahmen vor den Auswirkungen der Preiserhöhungen geschützt. Im übrigen wurde deshalb die Hebung der Agrarpreise aus dem Krisentiefstand, die zur Milderung des Missverhältnisses zwischen landwirtschaftlichen und gewerblichen Preisen notwendig war, mit Hilfe der Marktordnung zum Teil zu Lasten der - grossenteils allerdings überhöhten - Handels- und Verarbeitungsspannen durchgeführt. Später wurde aus Gründen, die bereits im Rahmen der allgemeinen Wirtschafts- und Finanzpolitik dargelegt worden sind, an der Forderung nach niedrigen und unveränderten Lebensmittelpreisen festgehalten.

---

(1) Vgl. S. 89f.

III. Preispolitik, Subsidien und Prämien

1. Das Festpreissystem und die allgemeine Preisentwicklung für landwirtschaftliche Erzeugnisse

Der Grundgedanke der landwirtschaftlichen Preispolitik war die Errichtung eines Systems von Festpreisen. Festpreise sollten dem Erzeuger das Risiko der über den Erfolg seiner Arbeit letzten Endes entscheidenden Preisgestaltung abnehmen. Der Landwirt sollte sich allein auf die Erzeugung konzentrieren können und sie nach den ihm garantierten Preisen und den verkündeten Zielen ausrichten. Ein Leitsatz der Preispolitik war deshalb: "Der Bauer muss bei der Saat wissen, was er für die Ernte erhält." Der Preis wurde dadurch zu einem äusserst wirksamen Instrument der Produktionspolitik in der Hand des Staates gemacht. Andererseits konnte der autoritativ und langfristig festgesetzte Preis wichtige Funktionen des freien Preises nicht erfüllen, vor allem nicht den Ausgleich zwischen Angebot und Nachfrage herbeiführen. Das Festpreissystem erforderte deshalb eine weitgehende Bindung der Warenbewegung zur Manipulierung von Angebot und Nachfrage.
Die Einführung des Festpreissystems in der Landwirtschaft gründete sich weitgehend auf Vorstellungen über das Wesen des Bauerntums, die unter dem Schlagwort "Blut und Boden" bekannt sind. Das Bauerntum wurde als wichtigster Bevölkerungsbestandteil für die biologische Erhaltung des Volkes nach Zahl und Art ("Blutquell der Nation") angesehen. Die Erhaltung des Bauerntums für diese Aufgabe glaubte man nur dadurch sichern zu können, dass man es weitgehend aus der kapitalistischen Wirtschaftsordnung herauslöste. Der Bauer sollte nicht zum "landwirtschaftlichen Unternehmer" werden, sondern in erster Linie mit seinem Denken und Fühlen an seine ererbte Scholle gebunden bleiben. Insoweit war das Festpreissystem als logische Ergänzung der Erbhofgesetzgebung gedacht ("Marktordnung" als Ergänzung der "Bodenordnung"). Der Festpreis sollte der bäuerlichen Bevölkerung einen "gerechten Preis" und damit den ihr nach ihrer volkswirtschaftlichen und biologischen Leistung gebührenden Teil am Volkseinkommen garantieren. Die praktische Durchführung der Preispolitik entfernte sich jedoch im Laufe der Zeit unter dem Zwang der Verhältnisse mehr und mehr von diesen, für die Einführung des Festpreissystems massgebenden

---

(1) In diesem Abschnitt werden Grundsätze, Mittel und Durchführung der Preispolitik zusammenfassend in grossen Zügen dargestellt. Die Anwendung der Preis- und Marktpolitik auf die einzelnen Agrarerzeugnisse wird eingehend in Abschnitt V, Seite 39 ff., behandelt.

Grundsätzen und wurde den durch die allgemeine Wirtschaftspolitik und die Versorgungslage gegebenen Notwendigkeiten angepasst.

Bereits für das Erntejahr 1933/34 wurden die Getreidepreise festgesetzt, und im Laufe des Jahres 1934 wurden auch für die wichtigsten anderen Agrarprodukte feste Preise eingeführt. Diese ersten Preisfestsetzungen brachten durchweg gewisse Erhöhungen gegenüber dem krisenbedingten Tiefstand; sie wurden deshalb von der Landwirtschaft als die Rettung vor dem wirtschaftlichen Ruin empfunden und stärkten das Vertrauen in das neue Preis- und Marktsystem ausserordentlich. Mit Rücksicht darauf, dass das Verbrauchereinkommen sich noch kaum über den Krisentiefstand gehoben hatte, konnte man jedoch die Konsumenten nicht durch grössere Preissteigerungen belasten und die Erzeugerpreise auf eine die Landwirtschaft voll befriedigende Höhe heben. Insbesondere war das Niveau der Agrarpreise zu niedrig, um einen wirksamen Anreiz zu einer allgemeinen Produktionssteigerung zu geben. Zur Ingangsetzung des Produktionsprogramms wurde deshalb ein nationaler Appell an die Landwirtschaft gerichtet und zur "Erzeugungsschlacht" aufgerufen. Die Erzeugungssteigerung wurde als sittliche Pflicht gegenüber dem Volke bezeichnet, die auch zu erfüllen sei, wenn sie privatwirtschaftlich keinen voll befriedigenden Nutzen brächte. Nicht nur die Rentabilität, sondern auch der Bedarf habe als Richtschnur der Erzeugung zu dienen.

Bis zum Jahre 1936 war das Festpreissystem allgemein eingeführt und hatte sich eingespielt. Die weitere Preisgestaltung für Agrarprodukte wurde grundlegend von der allgemeinen Preispolitik bestimmt. Diese war, wie bereits ausgeführt, darauf gerichtet, die inflationistische Wirkung der umfangreichen staatlichen Investitionen für die Entwicklung neuer Rohstoffindustrien und für die Aufrüstung durch eine allgemeine Preisbindung und strenge Überwachung der Preisbildung zu verhindern. Die Stabilität der Lebenshaltungskosten war dabei eine der wichtigsten Forderungen. Es sollte kein Anlass zu allgemeinen Lohnerhöhungen gegeben werden, von denen man die Ingangsetzung der Inflationsspirale befürchtete. Diese Preispolitik wurde durch die Preisstopverordnung vom November 1936 eingeleitet, die eine Erhöhung der Preise für Güter und Leistungen jeder Art ohne Genehmigung des Preiskommissars verbot. Im Kriege wurde die Preispolitik in dieser Richtung verschärft durchgeführt und durch einen offiziellen Lohnstop ergänzt. An eine grundsätzliche Hebung des Niveaus der Agrarpreise im Zuge der Kaufkraftsteigerung und an die Herbeiführung des "gerechten Preises", der der Landwirtschaft einen ihrer Leistung entsprechenden Anteil am Volkseinkommen sichert, war unter diesen Umständen nicht mehr zu denken (1). Preiserhöhungen für landwirtschaftliche Produkte wurden nur von Fall zu Fall in dem Masse durchgeführt, wie sie zur Steigerung von Produktion und Verwertung oder mit Rücksicht auf erhöhte Produktionskosten unbedingt notwendig waren. In vielen Fällen wurden sie durch staatliche Zuschüsse oder durch Kürzung der Handels- und Verarbeitungsspanne aufgefangen (2). Im Durchschnitt stiegen die Erzeugerpreise der wichtigsten Agrarerzeugnisse von 1936/37 bis 1943/44 nur um rund 20 vH. Die Verbraucherpreise (Ernährungskostenindex) stiegen in der gleichen Zeit um 10 vH.

---

(1) Vgl. hierzu Abschnitt VI, Seite 119 ff.
(2) Vgl. hierzu Seite 13 f.

2. Der Preis als Mittel der Erzeugungssteuerung

Durch die Zielsetzung der allgemeinen Preispolitik waren also der landwirtschaftlichen Preispolitik enge Grenzen gezogen. Schon deshalb musste sie darauf abgestellt sein, nicht durch eine generelle Erhöhung des Agrarpreisniveaus, sondern durch eine zweckmässige Gestaltung der Preisrelationen zwischen den einzelnen Erzeugnissen und zwischen bestimmten Betriebsmitteln und Erzeugnissen die ihr gesteckten Ziele zu verfolgen. Man hat somit nicht allein durch den Preis der Erzeugnisse, sondern vielfach auch durch die Gestaltung der Kosten für wichtige Produktionsaufwendungen auf Umfang und Richtung der Erzeugung einzuwirken versucht.

Nachdem das Festpreissystem allgemein eingeführt war und sich eingespielt hatte, war auch das Verhältnis der Agrarpreise untereinander in grossen Zügen entsprechend dem Produktionsprogramm der Erzeugungsschlacht eingestellt. In den Jahren 1935/36 betrugen die Erzeugerpreise, gemessen an dem Stand des letzten Jahrfünfts vor dem Ersten Weltkrieg (1909/10 bis 1913/14 = 100), für

Raps	etwa	125
Zuckerrüben	etwa	142
Speisekartoffeln		115 - 119
Getreide		104 - 105
Butter		104 - 105
Schlachtvieh		94 - 96.

Ölfrüchte und Hackfrüchte nahmen also bereits eine stark bevorzugte Stellung ein. Bei den Ölfrüchten als ausgesprochener Mangelware wurde die Vorrangstellung der Preise während des Krieges noch erheblich ausgebaut. Mehrfache starke Preiserhöhungen (1939, 1941 und 1942) führten die für die Fettversorgung notwendige Anbauausdehnung auf Kosten anderer Kulturen herbei.

Die Förderung des Hackfruchtbaues beschränkte sich nicht nur auf die Preissetzung für die Erzeugnisse, sondern wurde durch die Preisgestaltung wichtiger Produktionsmittel auf das wirksamste unterstützt. Vor allem kam eine 1937 erfolgte Preisermässigung für Stickstoff- und Kalidüngemittel den düngerintensiven Hackfrüchten einschliesslich Gemüse in besonderem Masse zugute. Weiter wurde die für die Intensivierung und Ausdehnung des Hackfruchtbaues notwendige Verbesserung der Stallmistwirtschaft durch Verbilligung der Baukosten von Düngerstätten und Jauchegruben mit Hilfe von öffentlichen Zuschüssen unterstützt. Durch die günstige Gestaltung der Preis-Kosten-Relation wurde der ertragreiche Hackfruchtbau schon vor dem Kriege auf eine Höhe gebracht, die für die Ernährung und Futtermittelversorgung im Kriege ausschlaggebend war. Die starke Steigerung des Bedarfs an Speisekartoffeln und Gemüse machte aber eine weitere Produktionssteigerung während des Krieges notwendig. Da eine Ertragssteigerung je ha nicht in Betracht kam, weil die Belieferung mit künstlichen Düngemitteln nicht in voller Höhe aufrechterhalten werden konnte, blieb hier - ebenso wie bei den Ölfrüchten - nur eine Ausweitung der Anbaufläche übrig. Durch starke Preisheraufsetzung wurde deshalb das Preisgefüge der Agrarerzeugnisse zugunsten von Gemüse und Kartoffeln verschoben. Beim Kartoffelbau blieb der Erfolg allerdings darauf beschränkt, dass ein stärkerer Anbaurückgang verhindert wurde. Eine Ausdehnung des Anbaues war nicht zu erreichen.

Vielfältig waren die Mittel zur Gestaltung der Preis-Kosten-Verhältnisse zugunsten der Intensivierung der Futtergewinnung und der Steigerung der

Milchproduktion. Die Verteuerung und Verknappung des Kraftfutters und die Preiserhöhungen für Milch (1933 - 1935, 1938, 1940) trieben zur Ausdehnung der wirtschaftseigenen Futtergewinnung. Da jedoch eine flächenmässige Ausdehnung im Interesse einer allgemeinen Produktionssteigerung nicht erwünscht war, musste durch die Kostengestaltung dafür gesorgt werden, dass der Futterbau auf den vorhandenen Flächen ertragreicher gestaltet und die Verluste an Nährstoffen bei der Werbung und Konservierung verringert wurden. Dies geschah einmal durch die Gewährung von staatlichen Beihilfen zum Umbruch und zur Einzäunung von Grünland, das dadurch intensiveren Nutzungsformen (Acker und Mähweide) zugeführt wurde. Der Grünlandkultur kam damit auch die Preisermässigung für künstliche Düngemittel in stärkerem Masse zugute. Weitere öffentliche Zuschüsse wurden zur Verbilligung des Baues von Gärfutterbehältern und Grünfuttertrocknungsanlagen aufgewendet. Diese Einrichtungen ermöglichten insbesondere eine stärkere Ausnutzung des Zwischenfruchtbaues für Futterzwecke und allgemein eine Verminderung der Konservierungsverluste. Diese Massnahmen haben wesentlich dazu beigetragen, die Milchproduktion von der Einfuhr ausländischer Eiweissfuttermittel unabhängig zu machen und während des Krieges auf einem verhältnismässig hohen Stand zu halten (1).

Die Getreidepreise konnten auf einem verhältnismässig tiefen Stand gehalten werden, da die Senkung der Düngemittelpreise die geforderte Intensität des Getreidebaues auch ohne grössere Preiserhöhungen ermöglichte. Soweit Preisänderungen vorgenommen wurden, waren sie in erster Linie auf die Steuerung der Verwendung abgestellt. So erfolgte eine Erhöhung des Roggenpreises im Jahre 1937, vornehmlich um die Einschränkung der Roggenverfütterung zugunsten der Brotgetreidebevorratung zu erleichtern. Allerdings war die preismässige Besserstellung des Roggens auch zur Erhaltung des Roggenanbaues im alten Umfange notwendig; denn ohnedem hätte das Verfütterungsverbot für Roggen eine Anbaubeschränkung zugunsten der Futtergetreidearten herbeiführen können. Im Kriege (1942-43) wurde zeitweilig in ähnlicher Weise bei der Gerste verfahren, die in grösserem Umfang zur Streckung des Brotgetreides benötigt wurde. Mehrere Preiserhöhungen für Hafer (1938, 1940, 1942) sollten lediglich einen Anreiz zu Einsparungen in den Erzeugerbetrieben und erhöhten Ablieferungen geben, die zur Befriedigung des Bedarfs der Wehrmacht notwendig waren.

Besondere Bedeutung hatte die Preissetzung für die Steuerung der Schweineproduktion. Der Schweinehaltung war die Rolle des "Resteverwerters" zugewiesen, d. h. sie sollte im wesentlichen auf den Teil der Getreide- und Kartoffelernten beschränkt bleiben, der nach Befriedigung des Bedarfs für den unmittelbaren menschlichen Verzehr und nach der Versorgung des Arbeitsviehs übrig blieb. Die naturbedingten Ernteschwankungen wirkten sich also voll auf die für die Schweinemast verfügbaren Futtermengen aus. Die Ausnutzung der wechselnden Futterlage wurde durch verschieden starke Ausmästung der Tiere angestrebt, die mit Hilfe des Preises für Fettschweine mit Erfolg gesteuert wurde. Während des Krieges wurde die Einschränkung der Schweinehaltung zur Anpassung an die schrumpfende Futterbasis zeitweise durch besondere Ablieferungsprämien für Schlachtschweine (1941/1942) beschleunigt. In den Jahren 1941 und 1942 vorgenommene Preiserhöhungen waren so gehalten, dass sie lediglich einen Ausgleich für die durch Eiweissfuttermangel steigenden Produktionskosten bildeten. Dieser Ausgleich war notwendig, um die Schweinehaltung auf einem Stand zu halten,

---

(1) Näheres hierüber siehe Seite 81 ff.

der die Ausnutzung des bei günstigen Ernten zu erwartenden Futteranfalls ermöglichte.

Hand in Hand mit der Gestaltung der Preisverhältnisse ging die aufklärende und propagandistische Tätigkeit. Die Organe des Reichsnährstandes boten die Möglichkeit, die jeweiligen Parolen der "Erzeugungsschlacht" bis ins letzte Dorf zu tragen und zu vertreten. Die Wirksamkeit der jeweiligen Preisänderungen, die meistens schon längere Zeit vor Inkrafttreten angekündigt wurden, wurde dadurch wesentlich verstärkt.

3. Die Preisstaffelungen

a) Regionale Preisabstufung

Am freien Markt bildet die freie Beweglichkeit des Preises die Grundlage für den Marktausgleich in räumlicher und zeitlicher Hinsicht. Auch im Festpreissystem hat man sich zum Teil der ausgleichenden Wirkung des Preises bedient. So wurden bei den meisten wichtigen Erzeugnissen die Preise gebietsweise so abgestuft, dass der Abfluss der Waren aus den Überflussgebieten in die Bedarfsgebiete normalerweise gewährleistet war. Da die Hauptüberschussgebiete im Osten Deutschlands lagen, ergab sich im grossen ganzen ein West-Ost-Gefälle der Preise für landwirtschaftliche Erzeugnisse. Ein Preisgefälle in entgegengesetzter Richtung bestand für eine Reihe wichtiger Bedarfsgüter der Landwirtschaft, wie z. B. Maschinen, Geräte, Baustoffe und dergleichen, die hauptsächlich in West- und Mitteldeutschland hergestellt wurden. Die sich daraus ergebende Benachteiligung des marktfernen Ostens sowie die Möglichkeiten und Folgen ihrer Beseitigung waren häufig Gegenstand der wirtschaftspolitischen Diskussion. Aus produktionspolitischen Gründen wurde eine möglichst weitgehende Preisangleichung zwischen Osten und Westen gefordert.

Die Gleichstellung der Agrarpreise in marktfernen und marktnahen Gebieten wäre jedoch nur mit Hilfe eines Ausgleichs der Transportkosten möglich gewesen. Ein Frachtkostenausgleich ist aber überhaupt nur durchführbar, wenn er auf eine begrenzte Zahl von Versendern und Empfängern beschränkt ist; die Verrechnung ist auch dann noch äusserst schwierig, verlangt einen grossen Verwaltungsapparat und verursacht erhebliche Kosten. Vor allem aber hätte ein Preisausgleich das gesamte Preisgefüge, das auch hinsichtlich der Verbraucherpreise und Löhne auf ein West-Ost-Gefälle aufgebaut war, beeinflusst. Aus diesen Gründen ist die vollständige Preisnivellierung auf Butter und Eier beschränkt geblieben. Der notwendige Frachtkostenausgleich wurde hier von den zuständigen Hauptvereinigungen durchgeführt. Die angeschlossenen Molkereien bzw. Eiersammelstellen hatten für den Versand einen Durchschnitts-Frachtsatz an die Ausgleichskasse zu zahlen und erhielten als Gegenleistung die Vergütung der tatsächlich entstandenen Frachtkosten. Während des Krieges ist unter Beibehaltung einer regionalen Preisabstufung nach fünf grossen Preisgebieten auch für Speisekartoffeln ein Frachtkostenausgleich durchgeführt worden (1).

---

(1) Vgl. hierzu Seite 52.

b) Jahreszeitliche Preisstaffelung

Die jahreszeitliche Preisstaffelung sollte, wie bei Getreide und Kartoffeln, ein Entgelt für Kosten und Verluste der Lagerhaltung bieten oder, wie bei Gemüse, Schlachtvieh und Eiern, zu verstärkter Produktion in den Mangelzeiten anregen. Für Butter bestand trotz der stark saisonbestimmten Produktion keine jahreszeitliche Preisabstufung. Der zeitliche Marktausgleich wurde ausschliesslich durch Einlagerungen der Reichsstelle für Milcherzeugnisse, Öle und Fette vom Staat getragen. Auch für Zucker galt ein einheitlicher Preis für das ganze Jahr; der jahreszeitliche Ausgleich wurde durch Verpflichtung der Zuckerfabriken zur Vorratshaltung herbeigeführt.

Während des Krieges spielten Änderungen in der zeitlichen Preisabstufung eine wichtige Rolle für die Getreide- und Speisekartoffelversorgung. Um die Ernten möglichst frühzeitig in die Hand der Lenkungsstellen zu bekommen, wurde im Laufe des Krieges eine möglichst schnelle Erfassung angestrebt. Die jahreszeitlichen Aufschläge (Reports) wurden deshalb in der zweiten Kriegshälfte erheblich vorverlegt und durch besondere Frühdruschprämien ergänzt. Aus analogen Gründen wurde ein sehr hoher Anfangspreis für Frühkartoffeln festgesetzt. Beide Massnahmen führten zum Erfolg. Zur Verstärkung der Lagerhaltung von Speisekartoffeln, die mit Rücksicht auf die kriegsbedingte Verbrauchssteigerung notwendig wurde, wurden Einlagerungsverträge mit landwirtschaftlichen Betrieben abgeschlossen, in deren Rahmen erhebliche Zuschläge zu den üblichen Reports, insbesondere für Spätlieferung (April bis Juni), gezahlt wurden.

c) Die Preisstaffelung nach der Qualität

Die Gütestaffelung der Erzeugnisse war ein wesentlicher Bestandteil des Festpreissystems, denn ein einheitlicher Preis kann im allgemeinen nur für eine einheitliche, nach ihren Qualitätsmerkmalen klar bestimmte Ware festgesetzt werden. Die Preisstaffelung nach der Qualität sollte ihrerseits wieder zur Produktion besserer Qualitäten erziehen. Bis zum Kriege war die Wirkung in dieser Richtung auch durchaus befriedigend, wenn auch noch manche Mängel im Vergleich zu den ausländischen Märkten vorhanden waren. Im Kriege ging jedoch durch die wachsende Nachfrage, Mangel an Arbeitskräften und Packmaterial von dieser günstigen Entwicklung das meiste verloren. Vor allem aber nahm der allgemeine Warenhunger allen Bestrebungen nach Qualitätsverbesserung ihre Wirksamkeit.

4. Subsidien zwecks Schonung der Verbraucher

Die der landwirtschaftlichen Preispolitik vornehmlich unter politischen Gesichtspunkten gesetzten Ziele - Produktionssteigerung einerseits und Stabilität der Verbraucherpreise andererseits - führten zwangsläufig zu Spannungen im Preisgefüge, die nicht mit ökonomischen Mitteln beseitigt werden konnten. Wie bereits dargestellt, wurden für die Zwecke der Produktions- und Verwertungssteuerung ab 1937 nach und nach für fast alle Produkte mehr oder weniger grosse Heraufsetzungen der Erzeugerpreise notwendig. Um der Forderung nach Stabilität der Lebenshaltungskosten gerecht zu werden, wurden die Rückwirkungen dieser Erhöhungen der Erzeugerpreise auf die Verbraucherpreise in den meisten Fällen durch Subsidien aufgefangen. So wurden, beginnend mit der Roggenpreiserhöhung von 1937, sämtliche Preisänderungen für Getreide und Kartoffelerzeugnisse (Stärkemehl, Walzmehl), soweit sie sich auf den Brotpreis hätten auswirken müssen, vom Staat getragen. Ebenso wurden die Milchpreiserhöhungen von 1938, die während des Krieges erfolgten Preisheraufsetzungen für Ölfrüchte und für Schlachtvieh sowie bestimmte Prämien zur Steigerung der Ablieferung mit Hilfe von Subsidien bewerkstelligt.

Zu Lasten der Verbraucher gingen lediglich eine Heraufsetzung des Eierpreises (1938), die Milchpreiserhöhung von 1940, die Steigerung der Gemüsepreise in den Kriegsjahren sowie die Erhöhung der Speisekartoffelpreise von 1942. Mehrkosten, die im Kriege durch verstärkte Lagerhaltung, Transporterschwerungen und ähnliches entstanden, wurden fast ausschliesslich von der öffentlichen Hand übernommen (vgl. Übersicht 3). Die Lebenshaltungskosten und darunter die Ernährungskosten stiegen infolgedessen während des Krieges nur unbedeutend (von September 1939 bis September 1944 um 12,3 bzw. 12,9 vH).

Vom Standpunkt der Ernährungswirtschaft waren die Subsidien vielfach unzweckmässig, weil sie die Steuerung des Verbrauchs zur Anpassung an die Produktionsmöglichkeiten verhinderten. Im besonderen Masse gilt das in bezug auf die Preisgestaltung für Butter und Fleisch. Das Niedrighalten der Verbraucherpreise bei ständig wachsender Kaufkraft führte schon vor dem Kriege zu einer Steigerung der Nachfrage, mit der weder die eigene Produktion noch die durch Devisenmangel begrenzten Einfuhrmöglichkeiten Schritt halten konnten. Nur durch eine weitgehende Regelung der Warenverteilung und -zuteilung konnten stärkere Reibungen am Markt verhindert werden. Mit der Rationierung zu Beginn des Krieges verlor allerdings der Preis praktisch völlig seine Bedeutung als Regulator von Nachfrage und Verbrauch.

5. Geld- und Naturalprämien

Zur Ergänzung und Unterstützung der Preispolitik wurden im Kriege Naturalprämien für die Erzeugung und Ablieferung bestimmter Erzeugnisse gewährt. Als Anreiz zum Anbau von Öl- und Faserpflanzen wurden z.B. bestimmte Mengen von Speiseöl, Leinengewebe und Seilerwaren ausserhalb der festgesetzten Rationen und Zuteilungen zugestanden. Die Höhe der Prämien richtete sich nach der abgelieferten Menge, war aber bei Speiseöl so gestaffelt, dass der Kleinanbauer begünstigt wurde; damit wurden die auf Selbstversorgung eingestellten Kleinbetriebe in besonderem Masse eingeschaltet. Die für die Ablieferung von Zuckerrüben gewährte Zuckerprämie (3 - 4 kg/100 dz Rüben) sollte hauptsächlich die Beschaffung der für den Rübenbau notwendigen Arbeitskräfte erleichtern. Unter dem gleichen Gesichtspunkt wurde auf die Ablieferung von Fabrikkartoffeln eine Sonderzuteilung von Stärkemehl (3 kg/100 dz Kartoffeln) zugestanden.

Ab 1942 wurden auf besondere Anordnung von Hitler Geldprämien für ausserordentliche Produktions- und Ablieferungsleistungen gewährt. Das zunächst nur versuchsweise eingeführte Prämiensystem erstreckte sich auf Milch, Eier, Schlachtgeflügel und Honig. Es wurde gegen die Bedenken des Reichsernährungsministeriums eingeführt, das durch die Verwendung von Geldprämien auf breiter Basis eine Störung des Preisgefüges und des Erfassungswesens befürchtete. Die praktischen Schwierigkeiten des Prämiensystems lagen vor allem darin, dass es äusserst schwer war, einen gerechten Massstab für die prämienfreie Grundleistung zu finden. Bei der vielseitig verbundenen Produktion der deutschen Landwirtschaft war es durchaus möglich, die Erzeugung eines Produktes auf Kosten anderer, ernährungswirtschaftlich ebenso wichtiger Erzeugnisse zu steigern (z. B. Milch auf Kosten von Getreide, Hackfrüchten und Ölfrüchten; Eier auf Kosten von Getreide). In diesen Fällen bestand die Gefahr, dass die Prämie dem Ziel der Erzeugungssteigerung nicht diente oder ihm sogar entgegenwirkte. Die Leistungsprämie für Milch wurde deshalb im zweiten Jahr ihrer Wirksamkeit auf einen so weiten Kreis von Betrieben ausgedehnt, dass sie praktisch den Charakter einer Prämie verlor und eher wie eine allgemeine Preiserhöhung wirkte. Bei Eiern, Geflügel und Honig, die für die Kriegsversorgung nur eine untergeordnete Rolle spielten, mag die Prämie zu begrenzten Mehrablieferungen geführt haben, doch war sie zu kurze Zeit in Kraft, als dass ein zuverlässiger Schluss über ihre Wirksamkeit gezogen werden könnte. Die Zahlung der Prämien wurde aus öffentlichen Mitteln bestritten (vgl. Übersicht 3, Ziffern 17b, 19a, 20 und 21).

Übersicht 3: Subventionen für Lebensmittel in Deutschland

Subventionen für Lebensmittel	Zweck der Subventionen	Jährl. Kosten für d. Reich um 1943/44 Mill. RM (1)
I. Getreide		
1. Roggen Zeitpunkt des Inkrafttretens: Dezember 1937; Empfänger: Mühlen; Rate: RM 13,60 und RM 27,20 pro t Roggen	Erhöhung der Erzeugerpreise um 20,- RM pro t Roggen, ohne dadurch die Mehl- und Brotpreise zu erhöhen	75,0
2. Gerste a) Verbilligung des Mehls; Zeitpunkt des Inkrafttretens: September 1942; Empfänger: Mühlen; Rate: ca. 80,- bis 100,- RM pro t Gerste	Ermässigung der Gerstenmehlpreise auf das Niveau der Roggenmehlpreise, um ein Ansteigen der Brotpreise als Folge des Beimischungszwanges von Gerstenmehl zum Roggenmehl zu vermeiden	61,0
b) Gerstenerzeugnisse; Zeitpunkt des Inkrafttretens: 1942; Empfänger: Verarbeitende Mühlen; Rate: RM 20,- bis 40,- pro t Gerste	Erhöhung der Erzeugerpreise für Industriegerste auf das Niveau von Braugerste ohne Erhöhung der Preise für Gerstenerzeugnisse, die sich sonst aus der Preisangleichung von Industrie- an Braugerste ergeben würde	5,5

---

(1) Einschl. Beträge für Subventionen, die später eingeführt wurden.

3. Weizen Zeitpunkt des Inkrafttretens: Februar 1945; Empfänger: Mühlen; Rate RM 45,- pro t verarbeiteten Weizens auf Mehl Type 1 950	Ermässigung der Weizenmehlpreise für Type 1 950 auf das Niveau der Roggenmehlpreise, um ein Ansteigen der Brotpreise in Anbetracht des stärkeren Anteils von Weizenmehl im Mischbrot zu verhindern	120,0
4. Hafer Zeitpunkt des Inkrafttretens: 1942/43; Empfänger: Verarbeitende Mühlen; Rate: RM 8,- pro t Hafer	Erhöhung der Erzeugerpreise um RM 8,- pro t (nur Industrie-Hafer), ohne dadurch die Preise für Hafererzeugnisse zu erhöhen	2,0
5. Entschädigung für höhere Preise, die bei frühzeitiger Ablieferung von Roggen und Weizen gewährt wurden (vorgezogene "Reports"); Zeitpunkt des Inkrafttretens: 1942/43; Empfänger: Mühlen	Um frühzeitige Ablieferungen zu fördern, wurden die Erzeugerpreise für die ersten Monate des Erntejahres erhöht und für die letzten herabgesetzt. Die Subventionen wurden zum Ausgleich erhöhter Kosten gezahlt, die den Mühlen zwangsläufig durch höhere Erzeugerpreise zu Beginn des Erntejahres entstanden, wenn der grösste Teil der Ernte auf den Markt gebracht wurde	8,0
6. Frühdruschprämien: Roggen, Weizen und Gerste; Zeitpunkt des Inkrafttretens: 1942/43; Empfänger: Mühlen; Rate: RM 10,- pro t Roggen und Gerste in den Monaten Juli bis September und für Weizen von August bis Oktober	Erhöhung der Erzeugerpreise in den ersten Monaten des Erntejahres um RM 10,- pro t als Anreiz für frühzeitige Ablieferungen, ohne dadurch die Mehl- und Brotpreise zu erhöhen	67,0
7. Entschädigung für Einlagerungsbestände Zeitpunkt des Inkrafttretens: 1934; Empfänger: Mühlen; Rate: Unterschied zwischen den Preisen am Ende des alten und Beginn des neuen Erntejahres für Bestände, die auf behördliche Anordnung hinübergenommen wurden	Entschädigung für Lagerkosten und Preisverluste, die aus der Lagerhaltung auf behördliche Anordnung von einem Erntejahr zum anderen entstanden	0,8
8. Erfassungsprämie für Roggen und Weizen für den Landhandel Zeitpunkt des Inkrafttretens: 1944; Empfänger: Händler; Rate: RM 2,- pro t während der Monate Juli bis Dezember, RM 1,- pro t während der Monate Januar bis März	Entschädigung für erhöhte Betriebskosten, die dem Händler durch den Kauf von Brotgetreide beim Bauern entstand	8,0

9. Entschädigung für Sonderfrachtkosten
Zeitpunkt des Inkrafttretens: vor dem Krieg; Empfänger: Händler und Mühlen; Rate: Differenz zwischen normalen Frachtkosten und tatsächlich in Sonderfällen entstandenen Kosten

Entschädigung für Kosten, die durch Sonderversand von Getreide in Ausnahmefällen entstanden, in denen die festgesetzten Preisspannen die tatsächlichen Frachtkosten nicht deckten

12,0

10. Subventionen an Bäcker
Zeitpunkt des Inkrafttretens: vor dem Krieg; Empfänger: Bäcker; Rate: Differenz zwischen den Kosten für Mehl sowie anderen Kosten, die beim Brotbacken entstehen, und dem Verkaufspreis für Brot (Das gilt für einige Gebiete, in denen die Brotpreise unter den Gestehungskosten lagen)

In einigen Städten liessen die Preisbildungsstellen eine Angleichung der Brotpreise an gestiegene Kosten nicht zu. Diese Subvention wurde in einen Ausgleichsfonds gezahlt, der dazu benutzt wurde, die Bäcker zu entschädigen, die ihre Unkosten nicht decken konnten. Der Fonds wurde durch Zahlungen der Bäcker und Beiträge des Reiches unterhalten

3,0

Getreide insgesamt

362,3

II. Kartoffeln

11. Subventionen für die Herstellung von Flocken
Zeitpunkt des Inkrafttretens: 1941/42 (1937/38); Empfänger: Fabriken; Rate: RM 125,- pro t Kartoffelflocken

Herabsetzung der Preise für Flokken, die zur Herstellung von verpacktem Futter für Armeepferde dienten, auf RM 170,- pro t

7,5

12. Subventionen für Kartoffelmehl, das aus Flocken hergestellt wurde
Zeitpunkt des Inkrafttretens: 1937/38; Empfänger: Händler; Rate: ca. RM 200,- pro t Mehl

Ermässigung der Kartoffelmehlpreise auf das Niveau von Roggenmehl, um ein Ansteigen der Brotpreise als Folge des Beimischungszwanges von Kartoffelmehl zum Getreidemehl zu vermeiden

13,0

13. Subventionen zur Verbilligung der Säcke
Zeitpunkt des Inkrafttretens: 1941/42; Empfänger: Händler; Rate: RM 0,50 pro Sack

Herabsetzung der Papiersackpreise für Händler, um ein Steigen der Kartoffelpreise für den Verbraucher zu vermeiden

2,0

14. Entschädigung für Lagerkosten, die durch behördlich angeordnete Massnahmen entstanden
Zeitpunkt des Inkrafttretens: Kriegsmassnahme; Empfänger: Bauern und Händler; Rate: je nach Unkosten

Entschädigung für besondere Lagerungsmassnahmen, die zum Ausgleich des Marktangebotes und zur Beibehaltung der festgesetzten Kartoffelpreise erforderlich waren

9,0

15. Entschädigung für Sonderfrachtkosten Zeitpunkt des Inkrafttretens: Kriegsmassnahme; Empfänger: Händler; Rate: Differenz zwischen normalen und den tatsächlich entstandenen Frachtkosten	Um die Kartoffelpreise nicht erhöhen zu müssen, leistete das Reich einen Beitrag zur Deckung anormaler Transportkosten an den Frachten-Ausgleichsfonds der Händler	2,0
16. Diverse Subventionen Zeitpunkt des Inkrafttretens: Kriegsmassnahme; Empfänger: Bauern und Händler; Rate: wechselt	Ausgleich von Kosten, die durch regulierende Eingriffe der Wirtschaftsverbände in die Vermarktung entstanden	6,3
Kartoffeln insgesamt		39,8

III. Milch, Fett, Eier, Geflügel, Honig

17. Milch a) Subventionen (monatl.); Zeitpunkt des Inkrafttretens: Oktober 1938; Empfänger: Molkereien; Rate: Im Durchschnitt ca. 2 RPf pro kg Vollmilch (variiert von RPf 0,1 bis 4 oder mehr), RPf 60 pro kg Landbutter	Als Anreiz zur Mehrproduktion wurden die Erzeugerpreise um 2 RPf pro Liter erhöht, ohne die Verbraucherpreise für Milch und Butter heraufzusetzen	447,0
b) Ablieferungsprämie Zeitpunkt des Inkrafttretens: Januar 1942; Empfänger: Bauern über die Molkereien; Rate: RPf 4 pro kg (oder RPf 1,2 pro Fettprozent) für Mengen, die 60 vH der durchschnittl. Ablieferungen (bezogen auf die landw. Nutzfläche) überstiegen	Erhöhung der Erzeugerpreise (ca. 1,7 RPf pro Liter für alle abgelieferte Milch) ohne Erhöhung der Verbraucherpreise für Milch und Butter	371,0
c) Entschädigung für gestiegene Transportkosten Zeitpunkt des Inkrafttretens: Kriegsmassnahme; Empfänger: Molkereien; Rate: kein fester Betrag	Zur Deckung gestiegener Transportkosten unter Beibehaltung der Erzeugerpreise	20,0
d) Entschädigung für erhöhte Unkosten der Molkereien infolge von Kriegsschäden Zeitpunkt des Inkrafttretens: Kriegsmassnahme; Empfänger: Molkereien; Rate: kein fester Betrag	Zur Deckung gestiegener Betriebskosten der Molkereien unter Beibehaltung der Erzeugerpreise	10,0
e) Subventionen für neue Molkereigebäude Zeitpunkt des Inkrafttretens: vor dem Krieg; Empfänger: Molkereien; Rate: bis zu 30 vH der Baukosten	Baukostenzuschüsse für neue Molkereien zur Senkung der Produktionskosten für Molkereierzeugnisse	4,0

f) Verschiedene Subventionen Zeitpunkt des Inkrafttretens: hauptsächlich Kriegsmassnahmen; Empfänger: Molkereien; Rate: wechselt	Erhöhung der Preise für Wintermilch; Deckung von Lagerkosten für Molkereiprodukte und der Kosten anderer Massnahmen, die sich nicht auf die Erzeugerpreise auswirken sollten 65,0
18. Ölsaaten Zeitpunkt des Inkrafttretens: 1933; (nicht die gleichen Raten) Empfänger: Ölmühlen; Rate ca. RM 90,- pro t Raps und ca. RM 458,- pro t Mohnsamen, je nach Kosten	Anreiz zum Ölsaatanbau durch Erhöhung der Erzeugerpreise, ohne die Verbraucherpreise für Öl und Margarine heraufzusetzen 100,0
19. Eier a) Erzeugerprämien Zeitpunkt des Inkrafttretens: Januar 1942; Empfänger: Bauern; Rate: RPf 4 pro Ei, das über das Ablieferungssoll von 50 Eiern pro Huhn abgeliefert wurde	Anreiz zu erhöhten Ablieferungen 16,0
b) Subventionen für Händler Zeitpunkt des Inkrafttretens: 1944; Empfänger: Händler; Rate: RPf 0,5 pro Ei für den Inhaber der Sammelstelle. RPf 0,35 pro Ei für den Grosshändler	Zur Deckung höherer Handelskosten je Ei, die durch den Rückgang des Umsatzes entstanden 12,0
20. Geflügel Zeitpunkt des Inkrafttretens: Januar 1942; Empfänger: Bauern; Rate: RM 1,- pro Hühnchen, RM 3,- pro Henne oder Ente, RM 4,- pro nicht gemästete Gans, RM 8,- pro Mastgans oder Truthahn	Förderung der Ablieferungen durch Erhöhung der Erzeugerpreise ohne Heraufsetzung der Verbraucherpreise 4,0
21. Honig Zeitpunkt des Inkrafttretens: Januar 1942; Empfänger: Bauern; Rate: RM 2,- pro kg für Ablieferungen, die 2 kg pro Stock überstiegen	Förderung der Ablieferungen durch Erhöhung der Erzeugerpreise ohne Heraufsetzung der Verbraucherpreise 1,0
Milch, Fett, Eier, Geflügel, Honig insgesamt	1 050,0

IV. Schlachtvieh

22. Schweine Zeitpunkt des Inkrafttretens: 1943 (1942 niedrigere Raten); Empfänger: Schlachter; Rate: RM 27,- pro Schwein mit 60 kg Lebendgewicht und mehr, RM 16,- pro Schwein unter 60 kg Lebendgewicht	Erhöhung der Erzeugerpreise um ca. RM 25 bis 30 je 100 kg Lebendgewicht, um einer Verminderung der Schweinefleischerzeugung entgegenzuwirken, ohne Heraufsetzung der Verbraucherpreise für Schweinefleisch 198,0

23. Rinder
Zeitpunkt des Inkrafttretens:
März 1944; Empfänger: Schlachter; Rate: Subventionen je nach Qualität und Gewicht

Erhöhung der Erzeugerpreise um ca. RM 25 bis 30 je 100 kg Lebendgewicht, um einer Verminderung der Rindfleischerzeugung entgegenzuwirken und die Ablieferung von alten Kühen zu fördern, ohne jedoch die Verbraucherpreise für Rindfleisch heraufzusetzen   344,0

24. Schafe
Zeitpunkt des Inkrafttretens:
1943/44; Empfänger: Erfassungshandel; Rate: RM 6,50 pro Mastschaf

Erhöhung der Erzeugerpreise zur Förderung der Schafmast und der Ablieferung von Mastschafen ohne Heraufsetzung der Verbraucherpreise für Hammelfleisch   2,0

25. Entschädigung für Sonderfrachtkosten
Zeitpunkt des Inkrafttretens:
hauptsächlich Kriegsmassnahmen; Empfänger: Händler;
Rate: kein fester Betrag

Ausgleich von Kosten, die durch regulierende Eingriffe der Wirtschaftsverbände in die Vermarktung entstanden   1,0

Schlachtvieh insgesamt   545,0

V. Zucker

26. Zuckerrüben
a) Subvention
Zeitpunkt des Inkrafttretens:
1939/40; Empfänger: Fabriken;
Rate: verschiedene Raten je nach Verarbeitungskosten, im Durchschnitt ca. RPf 20 pro 100 kg Zukkerrüben

Förderung der Erzeugung durch Erhöhung der Erzeugerpreise für Zuckerrüben auf ca. RM 3,60 je 100 kg ohne Heraufsetzung der Verbraucherpreise für Zucker   37,0

b) Verbilligung vollwertiger Zukkerrübenschnitzel (getrockneter Rübenschnitzel) für Futterzwecke
Zeitpunkt des Inkrafttretens:
1939/40 (nicht die gleichen Raten); Empfänger: Fabriken; Rate:
RM 5,20 pro 100 kg Schnitzel (getrocknete Rübenschnitzel)

Herabsetzung des Verkaufspreises für Zuckerrübenschnitzel auf RM 11,40 pro 100 kg, um deren Verfütterung anstelle von Getreide anzuregen   28,0

Zucker insgesamt   65,0

VI. Gartenbau

27. Marmelade
Zeitpunkt des Inkrafttretens:
1935; Empfänger: Fabriken;
Rate: RM 1,04 pro kg "Konsum-Marmelade"

Zur Steigerung des Zuckerverbrauchs anstelle von Fett. Subventioniert wurde nur ein Teil der Marmeladenproduktion (zunächst 60 vH, 1943 nur 10 vH)   7,0

Subventionen für Lebensmittel insgesamt   2 069,1

6. Die Preise für landwirtschaftliche Produktionsmittel

Im Rahmen der landwirtschaftlichen Preispolitik spielte, wie schon erwähnt, die Gestaltung der Produktionsmittelpreise eine hervorragende Rolle. Die wichtigste Massnahme in dieser Beziehung war die im Jahre 1937 von der Industrie erzwungene Herabsetzung der Stickstoff- und Kalidüngerpreise. Durch neue Produktionsverfahren und Rationalisierung der Förderung waren die Düngemittelpreise seit Beendigung des Ersten Weltkrieges ohnehin schon stark gefallen (vgl. Übersicht 4 und Schaubild 1).

Übersicht 4: Preise, Verbrauch und Aufwand für künstliche Düngemittel 1927 bis 1943 (Reichsgebiet von 1937)

Jahr	Indexziffern der Preise für künstliche Düngemittel 1913 = 100				Verbrauch (1) in 1 000 t Reingehalt			Aufwand für künstliche Düngemittel (ohne Kalk) Mill. RM (2)
	Kali	Phosphorsäure	Stickstoff	insges.	Kali	Phosphorsäure	Stickstoff	
1927	114,7	112,8	69,0	83,3	705	512	391	676
1928	113,8	102,0	67,1	81,8	764	533	432	729
1929	114,8	120,8	65,8	84,5	780	550	415	727
1930	113,9	119,7	63,1	82,4	668	476	355	600
1931	107,1	103,3	60,5	76,5	560	397	326	480
1932	96,6	92,7	57,0	70,4	620	399	353	502
1933	98,6	99,5	54,7	70,2	719	462	383	545
1934	97,6	96,9	53,4	68,7	820	545	427	601
1935	91,8	92,2	52,1	66,8	949	636	491	700
1936	91,8	92,9	52,3	66,8	941	606	570	674
1937	79,8	92,1	40,5	57,0	1156	690	634	696
1938	72,3	92,3	39,9	55,3	1256	762	718	774
1939	69,3	91,7	39,9	54,6	1216	454	704	645
1940	65,8	88,0	39,6	53,2	1366	351	675	633
1941	62,8	91,8	39,6	53,4	1225	319	621	564
1942	62,3	92,1	39,6	53,4	1348	340	506	521
1943	61,3	93,2	39,6	53,4	1150	335	360	418

(1) Düngejahre, beginnend für Kali am 16.5., für Phosphorsäure am 1.5., für Stickstoff am 1.6.
(2) Wirtschaftsjahre, beginnend am 1.7.

Quelle: Statistisches Jahrbuch für das Deutsche Reich. Wirtschaft und Statistik. Unveröffentlichte Zusammenstellungen des ehemaligen Reichsernährungsministeriums.

Die Verbilligung bewirkte bei gleichzeitigem Steigen der Verkaufserlöse der Landwirtschaft ein sprunghaftes Ansteigen des Düngeraufwandes und war dadurch eines der wirksamsten Mittel zur Intensivierung der Bodenproduktion. Nachdem der krisenbedingte Verbrauchsrückgang bereits überwunden war, stieg der Verbrauch in den 4 Jahren von 1934/35 bis 1938/39 bei Stickstoff um 70 vH, bei Kali um 53 vH und bei Phosphorsäuredüngemitteln um 40 vH. Auch während des Krieges wurden die niedrigen Preise

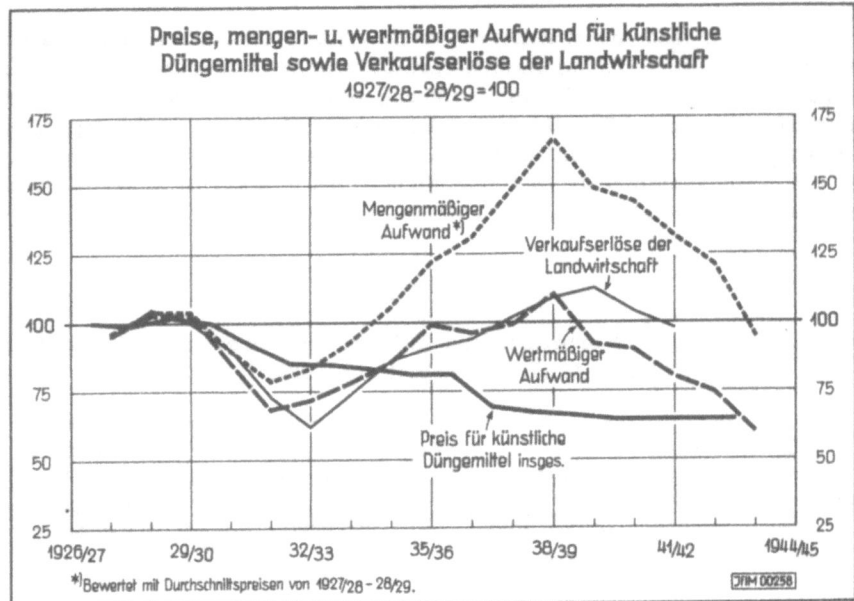

Schaubild 1

für Handelsdüngemittel aufrechterhalten, doch ging die Versorgung mit Phosphorsäure- und Stickstoffdünger stark zurück. Die Belieferung mit phosphorsäurehaltigen Düngemitteln, die zum Teil auf der Einfuhr von Rohphosphaten beruhte, musste sofort nach Kriegsbeginn eingeschränkt werden und erreichte im Durchschnitt der Kriegsjahre nur etwa 45 vH des Standes von 1938/39. Die Versorgung mit Stickstoffdünger fiel langsam auf 50 vH des Vorkriegsstandes ab; nur die Kaliversorgung konnte in voller Vorkriegshöhe aufrechterhalten werden.

Bei den landwirtschaftlichen Betriebsmitteln (Maschinen, Geräte, Wagen) wurde das ungünstige Preisverhältnis zu den Agrarerzeugnissen, das sich in der Deflationskrise herausgebildet hatte, in den Jahren 1933-35 durch Hebung der Agrarpreise weitgehend beseitigt (Schaubild 2). Unterstützt durch Preissenkungen für Maschinen, Elektrogeräte und -motoren sowie durch Herabsetzung der Stromtarife stieg der mengenmässige Aufwand an Betriebsmitteln im Laufe der letzten vier Vorkriegsjahre fast auf das 2 1/2fache, so dass die Landwirtschaft verhältnismässig gut ausgerüstet in den Krieg ging. Im Laufe des Krieges erfolgte dann eine schrittweise Kürzung der Eisenzuteilung für landwirtschaftliche Betriebsmittel, die vor allem zu Lasten der Neufertigung von Landmaschinen ging. Lediglich die Schlepperproduktion wurde auch während des Krieges verhältnismässig stark vorangetrieben. Die Zahl der Schlepper in der Landwirtschaft verdoppelte sich während des Krieges (Steigerung von 70 000 auf 140 000). Zur Einsparung von flüssigen Treibstoffen erfolgte eine weitgehende Umstellung auf Generatorgas als Treibmittel.

Auf einem verhältnismässig hohen Niveau hielten sich die Baukosten seit Beendigung des Ersten Weltkrieges. Die Ungunst des Verhältnisses zu den Agrarpreisen wurde jedoch dadurch etwas gemildert, dass wesentliche Teile des landwirtschaftlichen Bauvorhabens durch Staatszuschüsse verbilligt wurden. So wurde der Bau von Arbeiterwohnungen, von Gärfutterbehältern,

Düngerstätten, Jauchegruben, Gülle-Anlagen und Geflügelställen subventioniert. Die Bautätigkeit in der Landwirtschaft blieb im ganzen freilich unzureichend.

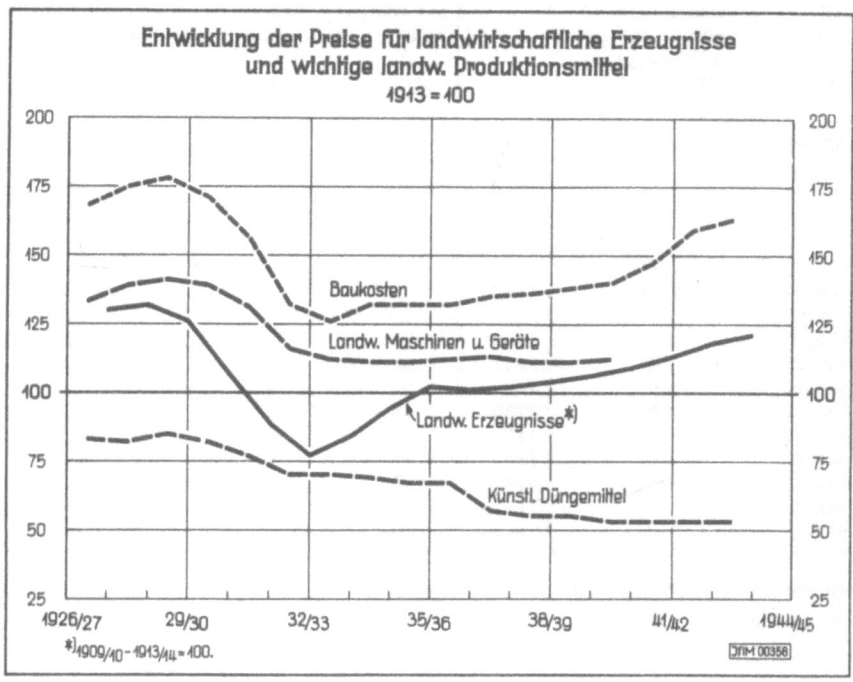

Schaubild 2

7. Bekämpfung des Schwarzen Marktes

Der Schwarzmarkt erlangte trotz erheblicher Einschränkung der Versorgung mit Konsumgütern aller Art und trotz inflationistischer Aufblähung des Geldvolumens keine grössere Bedeutung. Die Ernährung war trotz aller Einschränkungen noch ausreichend. Die Versorgung erfolgte völlig gleichmässig, und der Verbraucher erhielt die ihm zustehenden Rationen fast bis zum Kriegsende mit absoluter Sicherheit. Der Mangel war also noch nicht so gross wie das Risiko, das man bei Übertretung der Bewirtschaftungsvorschriften einging. Dieses Risiko war allerdings durch Verhängung schärfster Strafen ausserordentlich vergrössert worden. So wurden vor allem in den letzten zwei Jahren des Krieges Verurteilungen zu Zuchthausstrafen und sogar zum Tode wegen Verstosses gegen die Bewirtschaftungs- und Preisbestimmungen zur Abschreckung häufig bekanntgegeben.

Von der Geldseite her wurde der Entwicklung eines Schwarzmarktes vor allem durch eine geschickte Propaganda für das Sparen vorgebeugt. Gestützt auf das Vertrauen, das die grosse Stabilität des Preisniveaus auslöste, wurde die Bevölkerung in dem Glauben bestärkt, dass das Geld im Grunde genommen noch seine frühere Kaufkraft besässe und dass man nur bis zum Kriegsende warten müsse, um es in die gewünschten Bedarfsgüter umsetzen zu können.

Übersicht 5: Entwicklung der Preise für landwirtschaftliche Erzeugnisse und wichtige landwirtschaftliche Produktionsmittel 1927 bis 1943 (1)
(Zahlen zu Schaubild 2)

Wirtschaftsjahr (Juli-Juni)	Preisindexziffern der aus der Landwirtschaft zum Verkauf gelangenden Erzeugnisse 1909/10 bis 1913/14 = 100	Kalenderjahr	Indexziffern der Preise für Düngemittel	Indexziffern der Grosshandelspreise, Gruppe "Landwirtschaftliche Betriebsmittel" 1913 = 100	Indexziffern der Baukosten
1927/28	130	1927	83	135	168
1928/29	132	1928	82	139	175
1929/30	126	1929	85	141	178
1930/31	107	1930	82	139	171
1931/32	89	1931	77	131	156
1932/33	77	1932	70	116	132
1933/34	84	1933	70	112	126
1934/35	94	1934	69	111	132
1935/36	102	1935	67	111	132
1936/37	101	1936	67	112	132
1937/38	102	1937	57	113	135
1938/39	104	1938	55	111	136
1939/40	106	1939	55	111	138
1940/41	109	1940	53	112	140
1941/42	113	1941	53	.	147
1943/43	118	1942	53	.	159
1943/44	121	1943	53	.	163

(1) Statistisches Jahrbuch für das Deutsche Reich.
Wirtschaft und Statistik.

IV. Marktordnung und Kriegsernährungswirtschaft

1. Motivierung

Das Festpreissystem und die in seinem Rahmen betriebene Preispolitik bildeten nur einen Teil der gesamten Marktordnung des Reichsnährstandes, allerdings einen sehr wesentlichen. Sein Erfolg beruhte weitgehend auf dem Funktionieren der anderen Teile der Marktordnung, nämlich der Regulierung des Warenverkehrs am inneren Markt und der mengen- und preismässigen Anpassung der Einfuhren an die Erfordernisse des Inlandsmarktes. Man konnte die Preise nicht festlegen und dabei die Warenbewegung freilassen; zwangsläufig musste auch sie kontrolliert und gebunden werden, denn der Festpreis konnte ja wichtige Funktionen des freien Preises, wie vor allem den Ausgleich zwischen Angebot und Nachfrage, nicht erfüllen. Die Festlegung der Preise erforderte also eine Manipulierung von Angebot und Nachfrage.

Abgesehen davon war die Steuerung von Erzeugung und Verwendung im Sinne der Zielsetzung nicht immer mit Hilfe des Preises allein möglich, sondern erforderte starke direkte Eingriffe in den Wirtschaftsablauf. Beispielsweise wäre es kaum möglich gewesen, die Verfütterung von Roggen allein durch die Heraushebung des Roggenpreises aus dem Preisniveau des Futtergetreides in dem gewünschten Umfange zu verhindern; ebensowenig wäre es gelungen, während des Krieges den Schweinebestand der stark schrumpfenden Futterbasis mit der gebotenen Schnelligkeit anzupassen, wenn nicht ein Ablieferungszwang für bestimmte Mengen von Getreide und Kartoffeln bestanden hätte.

Vor dem Kriege erfolgte die Regulierung des Warenstroms in der Form der gelenkten Wirtschaft. Der Verbraucher konnte im allgemeinen kaufen, wo und was er wollte, und der Erzeuger konnte seine Waren - von gewissen Ausnahmen abgesehen - an einen beliebigen Handels- oder Verarbeitungsbetrieb verkaufen. Mit Ausbruch des Krieges ging die Regulierung des Warenstroms in die straffe Form der öffentlichen Warenbewirtschaftung über, die durch die Rationierung des Verbrauchs auf der einen Seite und strenge Erfassung der Produktion auf der anderen Seite gekennzeichnet war.

2. Organisatorische Grundlage (1)

Die Steuerung und Überwachung der gesamten Marktordnung für landwirtschaftliche Erzeugnisse lag in den Händen der Reichshauptabteilung III des Reichs-

---

(1) Eine ausführlichere Beschreibung der Institutionen der Ernährungswirtschaft findet sich u. a. bei J. Müllenbusch, Die Organisation der deutschen Ernährungswirtschaft - Der Reichsnährstand. Berlin 1941.

nährstandes. Sie bediente sich zur Erledigung ihrer Aufgaben der wirtschaftlichen Zusammenschlüsse des Reichsnährstandes, der sogenannten Hauptvereinigungen (vgl. die schematische Übersicht auf Seite 27). Es handelte sich hierbei um selbständige, durch Verordnung des Reichsministers für Ernährung und Landwirtschaft geschaffene öffentlich-rechtliche Körperschaften. Ihr Mitgliederkreis war gesetzlich festgelegt und umfasste alle Personen und Betriebe, die sich mit der Erzeugung, der Verteilung sowie der Be- und Verarbeitung bestimmter landwirtschaftlicher Erzeugnisse befassten.

Zu den Aufgaben der Hauptvereinigungen gehörten vor allem die Festsetzung von Preisen und Preisspannen mit Zustimmung des Reichskommissars für die Preisbildung sowie die Erfassung und Lenkung der landwirtschaftlichen zeugnisse. Zu diesem Zweck waren sie befugt, ihren Mitgliedern Ablieferungs-, Annahme-, Einagerungs- und Verarbeitungsverpflichtungen aufzuerlegen. In diesem Zusammenhang hatten sie u. a. das Recht, den Ausnutzungsgrad und den Arbeitsumfang der verarbeitenden Betriebe (Mühlen, Zuckerfabriken, Stärkefabriken und dgl.) festzusetzen, wobei auch die Stilllegung volkswirtschaftlich unnötiger Betriebe möglich war. Ferner konnten sie Vorschriften über Güteanforderungen, Lieferungs- und Zahlungsbedingungen erlassen. Die Hauptvereinigungen hatten jedoch nicht das Recht, sich kaufmännisch zu betätigen; soweit vom Staat kaufmännische Geschäfte vorzunehmen waren, wurden sie von den Reichsstellen durchgeführt. Die Vorsitzenden der Hauptvereinigungen wurden vom Reichsbauernführer ernannt und abberufen. Ein Verwaltungsrat stand ihnen als beratendes Organ zur Seite.

Den regionalen Unterbau der Hauptvereinigungen bildeten die Wirtschaftsverbände. Ihre Gebiete deckten sich im allgemeinen mit denen der Landesbauernschaften. In der Hauptabteilung III der Landesbauernschaft war zudem der sachliche Zusammenschluss aller Wirtschaftsverbände eines Gebietes gegeben; sie hatte über alle diejenigen Fragen zu entscheiden, die über die fachlichen Grenzen der einzelnen Wirtschaftsverbände hinausgingen. Im übrigen oblag den Wirtschaftsverbänden die Durchführung der Weisungen und Vorschriften ihrer zuständigen Hauptvereinigungen in ihrem Gebiete. Im Rahmen der ihnen von der Hauptvereinigung gegebenen Befugnisse waren sie zum Erlass marktregelnder Massnahmen ermächtigt. In den unteren Verwaltungsbezirken (Kreisen) wurden die marktordnenden Aufgaben - soweit erforderlich - von den Kreisbauernschaften wahrgenommen.

Neben den Hauptvereinigungen mit ihren nachgeordneten Wirtschaftsverbänden als Organisation des Binnenmarktes standen die Reichsstellen als Organisation für die Regelung der Einfuhren. Sie unterstanden unmittelbar dem Reichsministerium für Ernährung und Landwirtschaft, an dessen Weisungen sie gebunden waren. Sie hatten ein Einfuhrmonopol für ihren Warenbereich inne, mit dessen Hilfe sie die Zufuhr von Nahrungsmitteln in Zusammenarbeit mit den Hauptvereinigungen dem Bedarf des Inlandsmarktes anzupassen hatten. Durch Erhebung von Ausgleichsbeträgen wurde der Preis für die Einfuhrware dem geltenden Festpreis angeglichen.

Neben der Einschleusung der Einfuhr hatten die Reichsstellen auch alle vom Staat auf dem Binnenmarkt vorgenommenen kaufmännischen Geschäfte zu erledigen. Hierzu gehörte vor allem die Vorratshaltung, soweit sie über die Leistungsfähigkeit der Privatwirtschaft hinausging oder ihr infolge der Preisgestaltung nicht zugemutet werden konnte.

Mit Beginn des Krieges wurde die Organisation der landwirtschaftlichen Marktordnung zu einer Organisation für die gesamte Kriegsernährungswirtschaft ausgebaut. Bei den obersten Landesbehörden (Regierungen der

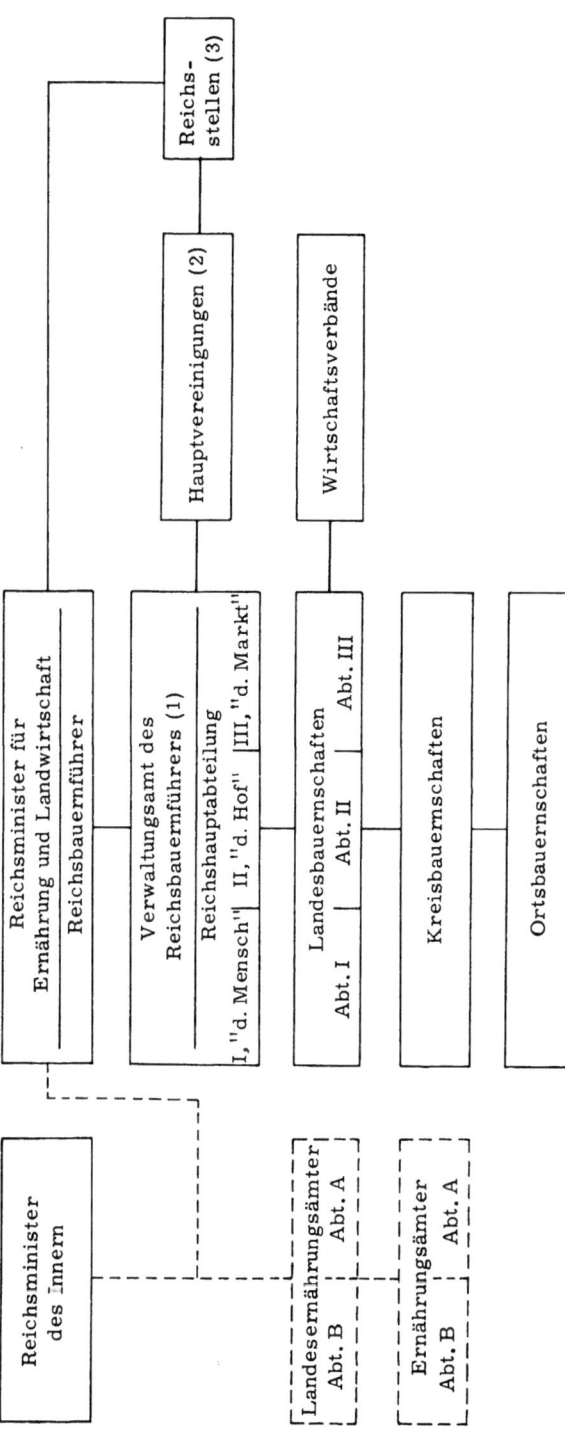

1) Aufgabengebiete der Reichshauptabteilungen: I. Presse, Propaganda, Ausstellungswesen. II. Fachliche Förderung der landwirtschaftlichen Betriebe. III. Steuerung und Überwachung der Marktordnung.
2) Hauptvereinigungen der: Getreide- und Futtermittelwirtschaft, Kartoffelwirtschaft, Zuckerwirtschaft, Gartenbauwirtschaft, Weinbauwirtschaft, Milch- und Fettwirtschaft, Vieh- und Fleischwirtschaft, Eierwirtschaft, Brauwirtschaft, Fischwirtschaft.
3) Reichsstellen für: Getreide, Futtermittel und sonstige Erzeugnisse, Milcherzeugnisse, Öle und Fette, Eier, Tiere und tierische Erzeugnisse, Garten- und Weinbauerzeugnisse.

Schaubild 3: Organisation der Marktordnung und der Kriegsernährungswirtschaft
——— Friedensmässige Organisation   - - - - - organisatorische Ergänzung im Kriege

Länder und Oberpräsidenten der preussischen Provinzen) wurden Landesernährungsämter und in den unteren Verwaltungsbezirken (Stadt- und Landkreisen) Ernährungsämter eingerichtet. Aufgabe der Ernährungsämter war die Versorgung der Bevölkerung mit Nahrungs- (und Futter-)mitteln. Die Landesernährungsämter hatten die Tätigkeit der Ernährungsämter zu lenken und zu überwachen und für den zwischengebietlichen Ausgleich zu sorgen. Die Landesernährungsämter und Ernährungsämter bestanden jeweils aus 2 Abteilungen; Abteilung A war für die Fragen der Erzeugung und -fassung, Abteilung B für die Fragen der Verteilung an die Verbraucher zuständig. Aufgabe der Abteilung A war somit die Aufrechterhaltung der landwirtschaftlichen Erzeugung (Versorgung der Betriebe mit Arbeitskräften, Maschinen, sonstigen Betriebsmitteln und Saatgut), die Erfassung er Erzeugnisse und ihre Weiterleitung bis zum Kleinverteiler bzw. Verarbeiter sowie die Aufrechterhaltung der notwendigen Verarbeiter- und Grossverteilerbetriebe. Die Aufgabe der Abteilung bestand in der Regelung der Versorgung der Bevölkerung durch die Kleinverteiler entsprechend den festgesetzten Rationen; sie hatte mithin die Verteilung der Bezugsausweise an die Bevölkerung vorzunehmen und die Abrechnung mit den Kleinverteilern durchzuführen.

Die Aufgabe der Abteilung A entsprach also dem Arbeitsgebiet des Reichsnährstandes. Diese Abteilung wurde deshalb vom Reichsnährstand gebildet, der hierfür die Dienststellen der Landesbauernschaften und Kreisbauernschaften zur Verfügung stellte. Abteilung A des Landesernährungsamtes war also die zuständige Landesbauernschaft mit den in ihrem Bezirk bestehenden Wirtschaftsverbänden, Abteilung A der Ernährungsämter in den unteren Verwaltungsbezirken waren die zuständigen Kreisbauernschaften.

Die Leitung der gesamten öffentlichen Bewirtschaftung auf dem Gebiet der Ernährungswirtschaft lag bei der Reichshauptabteilung III des Reichsnährstandes und den einzelnen Hauptvereinigungen. Sie regelten nach ihren Bewirtschaftungs- und Verteilungsplänen, die der Genehmigung des Reichsministeriums für Ernährung und Landwirtschaft bedurften, die zweckmässigste Verwendung und Verteilung der Erzeugnisse im gesamten Reich. Ihre Befugnisse wurden entsprechend erweitert. Die Reichsstellen arbeiteten im Kriege als Geschäftsabteilungen der entsprechenden Hauptvereinigungen.

3. Erfassung und Regulierung der Warenbewegung vor dem Kriege

Bei der Manipulierung des Warenangebots wurde im allgemeinen nicht in die landwirtschaftliche Erzeugung eingegriffen. Anbauregulierungen spielten praktisch kaum eine Rolle. Eine Anbaukontingentierung bestand nur für Zuckerrüben; sie war jedoch aus der Zeit vor Einführung der Marktordnung des Reichsnährstandes übernommen worden und verlor mit der Wiederausweitung des Zuckerrübenbaues praktisch ihre Bedeutung. Ausserdem wurde die Neuaufnahme und Erweiterung von bestimmten Gemüsekulturen und Frühkartoffeln genehmigungspflichtig gemacht, um eine übersteigerte Produktionsausweitung nach Jahren mit guter Konjunktur verhindern zu können. Schliesslich bestand ab 1937 ein Getreideablieferungskontingent, das den Landwirten als Richtlinie für ihre Anbauplanung dienen sollte. Im übrigen beschränkten sich Eingriffe in die landwirtschaftlichen Betriebe auf die Verwertung der Erzeugnisse. So wurde die Verfütterung

von Brotgetreide verboten und die volle Ablieferung der Weizen- und Roggenernten zur Pflicht gemacht. Auch für Milch, Eier, Gemüse wurde ein Ablieferungszwang für alle nicht im Betrieb selbst verbrauchten oder direkt an den Verbraucher verkauften Mengen eingeführt und die Selbstverarbeitung bzw. die freie Veräusserung an den Handel verboten.
Diese verhältnismässig grosse Freiheit konnte man der landwirtschaftlichen Produktion trotz gebundener Preise belassen, weil kein Überschuss aus eigener Produktion vorhanden war, der die Preise ernsthaft gefährden konnte. Gelegentliche Überschüsse, die bei Kartoffeln und Zuckerrüben erzeugt wurden, konnten unmittelbar oder nach Verarbeitung zu Kartoffelflocken und Zuckerschnitzeln zur Füllung der Futtermittellücke verwendet werden. Im Gegenteil ergaben sich ab 1937 grössere Schwierigkeiten aus der steigenden Nachfrage nach Fleisch und Butter, die nur schwer befriedigt werden konnte, zumal der Einfuhr enge Grenzen durch den Devisenmangel gesetzt waren. Die Marktordnung konnte und musste sich infolgedessen darauf beschränken, das Erzeugte zu erfassen und dem Markt möglichst gleichmässig zuzuführen. Ausser den Preisstaffelungen, die bereits auf Seite 12 f. beschrieben sind, waren die wichtigsten Mittel zur Regulierung der Warenbewegung:

Verarbeitungskontingente und -anweisungen für die verarbeitenden Betriebe,
Verwendungs- und Herstellungsvorschriften für die Verarbeitungsindustrie,
Absatzkontingente und -anweisungen für die Verarbeitungsbetriebe,
Verteilerkontingente und Einzelanweisungen an die Verteiler,
Staatliche Vorratshaltung.

Um diese Mittel zweckentsprechend anwenden zu können, war eine laufende Übersicht über die Vorgänge am Markt, also über den Abfluss der Ware aus den landwirtschaftlichen Betrieben zum Verbraucher notwendig. Weiter musste die Ware an bestimmten Stellen auf ihrem Wege zum Markt den regulierenden Eingriffen zugänglich gemacht werden. Diesen Zwecken dienten:

der Schlussschein,
die Andienungspflicht,
die Schaffung und der Ausbau vorhandener Engpässe im Warenstrom.

Der Schlussschein war ein amtliches Formular, das bei bestimmten Warenumsätzen auszufertigen und von beiden Parteien zu unterzeichnen war. Ausser den Namen von Verkäufer und Käufer enthielt es Angaben über Art und Menge und Preis der umgesetzten Ware. Der Käufer war verpflichtet, ein Doppel der Ausfertigung der zuständigen Kreisbauernschaft bzw. dem Wirtschaftsverband einzureichen. Diese Meldungen gaben den Organen der Marktordnung nicht nur einen Überblick über den Marktablauf, sondern boten auch die Möglichkeit zu einer weitgehenden Überwachung der einzelnen Handelsbetriebe. Der Schlussschein spielte vor allem im Verkehr mit Getreide, Kartoffeln, Gemüse und Vieh eine wichtige Rolle. Auf Grund der Schlussscheine wurde z.B. auch die Getreideablieferung der einzelnen landwirtschaftlichen Betriebe überwacht.
Eine wesentlich erweiterte Form der Verkaufsmeldung war die Andienungspflicht. Sie besagte, dass der Verkäufer seine Verkaufsabsicht vor Durchführung des Verkaufs dem Wirtschaftsverband unter Angabe des Käufers, der Menge, des Ortes und des Zeitpunktes der Lieferung sowie des Kaufpreises mitteilen musste. Der Wirtschaftsverband konnte die gemeldete Verkaufsabsicht innerhalb einer bestimmten Frist ablehnen und eine anderweitige Verwendung der Ware anweisen. Falls er von diesem Recht keinen

Gebrauch machte, musste über die Ware in der gemeldeten Weise verfügt werden. Die Andienungspflicht bot also bereits die Möglichkeit zu Eingriffen in die Warenbewegung. Sie war im allgemeinen auf die Grosshandels- und Verarbeitungsbetriebe beschränkt, da sich das Verfahren praktisch nur bei verhältnismässig enger Begrenzung der Zahl der Pflichtigen durchführen liess.

Die wichtigsten Ansatzpunkte für die Regulierung der Warenbewegung boten die Verarbeitungsstellen, die von einzelnen Erzeugnissen mehr oder weniger zwangsläufig passiert werden. So waren die Zuckerfabriken die gegebenen Stellen für die Regulierung des Zuckermarktes, und die Getreidemühlen boten den geeigneten Ansatzpunkt für die Ordnung des Mehlmarktes, denn praktisch können Zuckerrüben überhaupt nur in Zuckerfabriken verarbeitet und Getreide kann nur in Mühlen zu Mehl vermahlen werden. Schwieriger lagen die Verhältnisse in der Milchwirtschaft. Nur rund die Hälfte der Milch, die nicht in den Erzeugerbetrieben konsumiert wurde, gelangte zunächst in die Molkereien; die andere Hälfte wurde in den landwirtschaftlichen Betrieben zu Butter und Käse verarbeitet oder direkt als Trinkmilch abgesetzt. Um diese Erfassungslücke zu schliessen, wurde ein Ablieferungszwang für sämtliche Milch, die nicht im eigenen Haushalt oder Stall des Kuhhalters benötigt wurde, eingeführt. Das Selbstverarbeiten und das Selbstmarkten von Trinkmilch durch die Erzeuger wurde bis auf bestimmte Ausnahmen verboten. Auf dem Gebiete der Schlachtvieh- und Fleischwirtschaft boten die Viehmärkte und Schlachtereien Möglichkeiten für den Einsatz von Regulierungsmassnahmen. Durch Einführung des Marktzwanges für alle Schlachtviehumsätze an Orten mit Markteinrichtungen wurde die Eignung der Märkte als Instrumente für die Warenregulierung wesentlich erhöht. Für die Erfassung der Eier wurden besondere Sammelstellen eingerichtet, über die sämtliche durch den Handel in den Verkehr gelangenden Eier geleitet werden mussten. Die Sammelstellen hatten dabei auch die Aufgabe, die Eier nach den geltenden Handelsklassen zu sortieren. In analoger Weise wurden Abgabestellen für Gemüse in den Hauptanbaugebieten errichtet, in denen das Angebot eines grossen Kreises von Erzeugerbetrieben zusammengefasst wurde.

Die laufenden oder periodischen Berichte dieser Verarbeitungs- und Sammelstellen gaben den Organen der Marktordnung zusammen mit der Schlussschein- und Andienungsstatistik den erforderlichen Überblick über die Versorgung des Marktes und boten gleichzeitig die Möglichkeit zum Ansatz der eingangs aufgeführten Regulierungsmittel. So wurde die Verarbeitung in den meisten Fällen durch Kontingentierung geregelt. Jedem Betrieb war in der Regel ein Grundkontingent zugeteilt, das nach seiner Leistungsfähigkeit oder nach dem Umfang seiner Tätigkeit in einem bestimmten Zeitabschnitt bemessen war. Für bestimmte Zeiträume wurde dann je nach der Versorgungslage festgesetzt, in welchem Umfang die Grundkontingente ausgenutzt werden durften. In dieser Weise wurde der Verarbeitungsumfang für die Zuckerindustrie und für die Kartoffelverarbeitungsindustrie jährlich festgesetzt. Für die Mühlenindustrie wurde monatlich eine Vermahlungsquote bekanntgegeben, in deren Rahmen das Grundkontingent in Anspruch genommen werden durfte. Der Ausnutzungssatz der Schlachtkontingente wurde je nach der Versorgungslage festgesetzt. Kontingentierungsmassnahmen wurden auch bei der Herstellung von Käse, Dauermilch und Margarine sowie bei zahlreichen anderen Industrien von weniger grosser Bedeutung angewandt. Um plötzliche Angebotsstösse aufzufangen, wurde neben den Kontingenten auch mit Einzelanweisungen an die verarbeitende Industrie gearbeitet. So wurde z.B. die Fleischwarenindustrie wiederholt verpflichtet, vorübergehende Angebotsspitzen von Schlachtvieh aus dem Markt zu nehmen und zusätzlich zu verarbeiten. In ähnlicher Weise wurde gelegentlich auch bei der Obst- und Gemüsekonservenindustrie verfahren.

Zur Regulierung des Warenbedarfs wurde die verarbeitende Industrie auch durch Verwendungs- und Herstellungsvorschriften gebunden. Das hervorragendste Beispiel hierfür bietet die Mühlenindustrie. Zur Einsparung von Brotgetreide wurde ihr schon vor dem Kriege die Herstellung von hoch ausgemahlenen Mehltypen und die Beimischung bestimmter Stoffe wie Maismehl, Kartoffelstärkemehl und Kartoffelwalzmehl vorgeschrieben. Auch der Rohstoffbedarf der Margarineindustrie wurde durch entsprechende Verwendungsvorschriften gesteuert.

Um eine gleichmässige Marktbelieferung zu sichern, wurde der Absatz der verarbeitenden Industrie soweit notwendig durch Kontingente oder Einzelanweisungen geregelt. In der Zuckerindustrie wurden z. B. monatlich bestimmte Anteile des Herstellungskontingentes zum Absatz freigegeben. Ebenso wurde der Absatz der Zuckerfuttermittel durch Anweisung der Hauptvereinigung geregelt. Die Beschickung des Butter- und Eiermarktes wurde durch Anweisungen an die Molkereien und Eiersammelstellen reguliert. In der Zeit der Butter- bzw. Eierschwemme wurden bestimmte Betriebe angewiesen, die anfallende Ware ganz oder teilweise für die Vorratshaltung an bestimmte Sammelstellen abzuliefern.

Auf die Verteilung der Waren durch den Handel wurde in verschiedenen Formen Einfluss genommen, die von der straffen Kontingentierung mit räumlicher Bindung bis zur blossen Information über die Lage an den einzelnen Märkten mit entsprechenden Absatzempfehlungen wechselten. Eine straffe Kontingentierung mit Bindung an bestimmte Absatzbezirke bestand vor allem in der Butterverteilung. Mit zunehmender Butterverknappung wurde zur Sicherung einer gleichmässigen Versorgung aller Konsumenten die Kontingentierung schliesslich über sämtliche Handelsstufen bis zum letzten Verbraucher ausgedehnt. Eine besondere Form der Umsatzkontingentierung war das Auftriebskontingent der Schlachtviehhändler, das in Verbindung mit der Voranmeldepflicht des Versandhandels zur Regulierung der Beschickung der Schlachtviehmärkte diente. Die Möglichkeit zu Eingriffen in die Warenverteilung durch Einzelanweisungen an bestimmte Handelsbetriebe waren vor allem durch die Andienungspflicht gegeben. Diese Verteilungsanweisungen spielten auf fast allen Märkten eine Rolle, so z. B. bei der Beschickung der Schlachtviehmärkte und bei der Eierverteilung. Von besonderer Bedeutung war sie - wie bereits erwähnt - für den Speisekartoffelmarkt. Auch für den Getreideverkehr vom Erzeuger bis zu den Mühlen waren sie das wichtigste Lenkungsmittel. Verhältnismässig locker war die Absatzregulierung für die meisten Gemüse- und Obstarten gehalten. Mit Rücksicht auf die leichte Verderblichkeit der Ware musste dem Handel mehr Verantwortung, vor allem aber auch mehr Handlungsfreiheit gelassen werden. Die Marktordnung beschränkte sich hier im grossen ganzen auf die Zusammenfassung der Erzeugung in den Bezirksabgabestellen zum Zwecke des geschlossenen Angebots an den Versandhandel und auf die laufende Unterrichtung des Handels über die jeweilige Versorgungslage, der hiernach disponieren konnte; nur in besonderen Fällen wurde von dem Anweisungsrecht Gebrauch gemacht. Straffere Regulierungsmethoden wurden nur bei Obst- und Gemüsearten angewendet, die von grösserer Lagerfähigkeit waren, wie z. B. Zwiebeln und Äpfel.

Eine hervorragende Bedeutung für den Marktausgleich hatte die öffentliche Vorratshaltung, die in Händen der Reichsstellen lag. Eine Lagerhaltung auf öffentliche Kosten war zunächst in allen Fällen nötig, in denen ein Ausgleich zwischen mehreren Ernten bzw. mehreren Produktionsjahren geschaffen werden sollte, denn der langjährige Festpreis war ja bei guten und schlechten Ernten gleich hoch und bot infolgedessen kein Entgelt für die Einlagerung von Überschüssen aus reichlichen Ernten. Der langfristige Ausgleich bei Getreide, Trockenerzeugnissen von Kartoffeln und Zuckerrüben, Fettrohstoffen und dgl. wurde also von den Reichsstellen getragen, da er von der Privatwirtschaft nicht erwartet und verlangt werden konnte. Die Ausgleichstätigkeit wurde allerdings überdeckt von der ausgedehnten Vorratshaltung, die aus politischen Gründen ab 1937 betrieben wurde. Daneben spielte der jahreszeitliche Ausgleich durch die Reichsstellen bei Butter, Eiern, Fleisch und in begrenztem Umfang bei Gemüse eine Rolle. In der Butterwirtschaft musste der Saisonausgleich restlos von der Reichsstelle für Milcherzeugnisse, Öle und Fette getragen werden, weil der Butterpreis ohn Saisonstaffelung festgesetzt wurde. Bei Eiern und Fleisch waren die Preise zwar jahreszeitlich abgestuft, jedoch waren die Saisonunterschiede der Preise erheblich geringer als bei freier Marktwirtschaft, so dass sie keinen vollen Ausgleich für die Lagerhltung boten. Der Ausgleich fiel deshalb auch hier im wesentlichen den Reichsstellen zu. Die staatliche Lagerhaltung wurde auf einigen Gebieten allerdings entlastet und ergänzt durch einen Lagerhaltungszwang für bestimmte Verarbeitungsindustrien. o wurde die Zuckervorratshaltung restlos von den Zuckerfabriken verlangt, die ihre jährliche Erzeugung nur entsprechend der Freigabe durch die zuständige Hauptvereinigung veräussern durften. Auch von den Mühlen und Bäckereien wurde verlangt, dass sie ihren Getreide- bzw. Mehlbedarf für eine bestimmte Frist stets auf Lager hielten, und die Brauereien wurden wiederholt verpflichtet, bei grossen Hopfenernten bestimmte Vorräte anzulegen.

Im grossen ganzen brachte also die Marktordnung erhebliche Beeinträchtigungen der Handlungsfreiheit für die verarbeitende Industrie und für den Handel, während Erzeuger und Verbraucher bis zum Kriege vergleichsweise wenig berührt wurden. Der Einengung ihrer Handlungsfreiheit stand als Vorteil für den Handel und die Verarbeitungsindustrie vor allem eine erhebliche Verminderung des Risikos gegenüber.

4. Die Warenbewirtschaftung im Kriege

a) Ausbau des Ablieferungssystems

Als im Herbst 1939 die Kriegswirtschaft begann, lagen sechs Jahre Erfahrungen mit der zentralen Wirtschaftslenkung vor. Der organisatorische Apparat der Ernährungswirtschaft war bereits eingespielt, die Kinderkrankheiten waren überwunden. Das System der Warenlenkung, das im Laufe der Jahre herausgearbeitet worden war, brauchte nur durch eine straffe Erfassung der Erzeugung und durch die Rationierung des Verbrauchs ergänzt zu werden, um eine lückenlose Warenbewirtschaftung herzustellen. Die entsprechenden Massnahmen wurden bei Ausbruch des Krieges gesetzlich festgelegt und "schlagartig" durchgeführt.

Sämtliche wichtigen landwirtschaftlichen Erzeugnisse unterlagen ab Ende August 1939 der öffentlichen Bewirtschaftung. Diese Erzeugnisse galten grundsätzlich als zugunsten des Deutschen Reiches für die Hauptvereinigungen beschlagnahmt. Über sie durfte lediglich nach den Weisungen der Hauptvereinigungen verfügt werden. Sie durften nur gegen Berechtigungsscheine bezogen werden. Die Eigenversorgung der landwirtschaftlichen Betriebe und sonstigen Selbstversorger wurde festgelegt und alle darüber hinausgehenden Mengen für ablieferungspflichtig erklärt. Die wichtigsten im Zuge der Kriegsbewirtschaftung getroffenen Erfassungsmassnahmen werden im folgenden kurz erwähnt:

In der Getreide- und Futtermittelwirtschaft wurde die bereits bestehende Ablieferungsverpflichtung erweitert. Brotgetreide und Hülsenfrüchte waren - abgesehen vom zulässigen Eigenverbrauch und vom Saatgutbedarf - restlos, Futtergetreide zum Teil ablieferungspflichtig. Die Höhe der Futtergetreideumlage richtete sich nach dem jeweiligen Bedarf. Zur Aufbringung der benötigten Speisekartoffelmengen wurden ab 1941 Lieferungskontingente auf die einzelnen landwirtschaftlichen Betriebe umgelegt. Heu und Stroh wurden ebenfalls in die Bewirtschaftung einbezogen. Zur Aufbringung des jeweiligen Bedarfs wurden den Betrieben entsprechende Ablieferungsverpflichtungen von Fall zu Fall auferlegt.

Die Milchablieferungspflicht wurde verschärft durchgeführt. Die bestehenden Ausnahmen wurden stark eingeschränkt. Auch das Buttern für den Eigenbedarf wurde verboten, und die dazu benötigten Geräte wurden beschlagnahmt. Die Ablieferung von Schlachtvieh konnte durch Einzelanordnungen verfügt werden.

Zur Überwachung der Ablieferungstätigkeit der landwirtschaftlichen Betriebe wurde im Laufe des Krieges eine Marktleistungskartei eingeführt. Für jeden landwirtschaftlichen Betrieb mit einer Nutzfläche von mindestens 5 ha wurde in der Kreisbauernschaft eine Marktkarte angelegt, auf der einerseits die Lieferungspflichten bzw. Lieferungserwartungen, andererseits die tatsächlichen Ablieferungen verzeichnet wurden. Die Angaben über die Ablieferungen wurden den Schlussscheinen und sonstigen Ablieferungsbescheinigungen, die bei der Kreisbauernschaft zusammenliefen, entnommen. An Hand der Marktleistungskartei wurden säumige Betriebe zur Mehrablieferung angehalten. Da auch die landwirtschaftlichen Betriebsmittel unter Bewirtschaftung standen und ihre Verteilung in Händen der Organe des Reichsnährstandes (in ihrer Eigenschaft als Abteilung A der Ernährungsämter) lag, bestand die Möglichkeit, über die Zuteilung von Betriebsmitteln nach Massgabe der Marktleistung zu entscheiden. Ab 1943 wurden "Hofbegehungskommissionen" ins Leben gerufen, die die Erfüllung der Ablieferungspflicht überprüfen, Ablieferungskontingente und -erwartungen festsetzen und auf die Betriebsgestaltung beratend einwirken sollten.

Das Erfassungssystem hat sich im ganzen gesehen als wirksam erwiesen, zumal die gesamte, nicht zu unterschätzende Autorität des Reichsnährstandes dafür eingespannt wurde. Ein wesentlicher Nachteil war jedoch, dass es nicht dazu angetan war, die Produktionspolitik zu unterstützen. Der Grundgedanke des Ablieferungssystems bestand darin, dass die Nährfrüchte für den direkten Verbrauch sowie die tierische Erzeugung restlos abzuliefern waren, abgesehen von den Mengen, die die Landwirte für den Eigenverbrauch, als Saatgut und für Futterzwecke einbehalten und verwenden durften. Bei diesem Verfahren bedurfte es an sich keiner Festsetzung von Ablieferungskontingenten. Daher wurden für Brotgetreide, Hülsenfrüchte, Obst, Gemüse und tierische Erzeugnisse auch keine Ablieferungskontingente auferlegt. Nur für Kartoffeln und Futtergetreide, also für Erzeugnisse, bei denen ausser für Saatgut und Eigenverbrauch auch noch für Futterzwecke grössere Mengen einbehalten werden durften, wurden die abzuliefernden Mengen festgesetzt. Abgesehen von diesen Ausnahmen wurde also bei der Erfassung im Prinzip von dem ausgegangen, was produziert wurde und nicht von dem, was bei durchschnittlicher oder gar guter Bewirtschaftung produziert werden konnte. Bei der Festsetzung der Lieferpflichten für Kartoffeln und Futtergetreide und bei der Bemessung der Ablieferungserwartungen, die die Grundlage für die Überwachung und Beurteilung der Marktleistung bildeten, wurde zudem von den Flächen ausgegangen, die für die abzuliefernden Früchte ausgewiesen wurden und nicht von der gesamten Nutzfläche der Betriebe. Eine grosse Nährfruchtfläche hatte also hohe, eine kleine Nährfruchtfläche geringe Ablieferungsverpflichtungen bzw. -erwartungen zur Folge. Die Ablieferungserwartungen für tierische Erzeugnisse standen schliesslich in keinem Zusammenhang mit der Futterfläche.

Das Ablieferungssystem bot also keine ausreichenden Möglichkeiten, die Leistungsfähigkeit der einzelnen Betriebe zu erkennen und entsprechend zu berücksichtigen. Anstatt durch eine Ablieferungsveranlagung nach der Leistungsfähigkeit die Produktionspolitik zu unterstützen, beschränkte es sich lediglich auf die Erfassung dessen, was produziert wurde. Dieser Mangel machte sich jedoch erst gegen Ende des Krieges in stärkerem Masse fühlbar, als das Gewinnstreben infolge grösserer Geldflüssigkeit nachliess und das Interesse an der eigenen Versorgung mit Lebensmitteln demgegenüber an Gewicht gewann.

b) Die Verbrauchsregelung

Die Rationierung des Verbrauchs erfolgte mit Ausbruch des Krieges für Brot, Fleisch, Fett, Käse, Milch, Zucker, Marmelade, Eier und Nährmittel. Kartoffeln wurden erst ab 1942 rationiert. Für Gemüse, Obst, Geflügel und Fisch wurde die Zuteilung auch in loserer Form geregelt. Bei der Bemessung der Rationen wurden zunächst verschiedene Altersgruppen der Verbraucher unterschieden; so erhielten z.B. die Kleinkinder mehr Nährmittel und Vollmilch, aber weniger Brot, Fleisch und Fett, die Jugendlichen bekamen besondere Zulagen an Brot, Marmelade und Milch. Neben der Differenzierung nach Altersklassen bestanden noch Zulagen für Lang- und Nachtarbeiter sowie für Schwer- und Schwerstarbeiter. Ausserdem wurden die Selbstversorgersätze besonders geregelt. Die Festsetzung der Rationen wurde für jeweils 4 Wochen durch das Reichsministerium für Ernährung und Landwirtschaft auf Grund der Bewirtschaftungs- und Verteilungspläne der Hauptvereinigungen vorgenommen.

Die Zuteilung der Rationen erfolgte durch Lebensmittelkarten für vierwöchige Perioden, die von den Ernährungsämtern (Abteilung B) über die Gemeinden an die Bevölkerung ausgegeben wurden. Die Gültigkeit der Karten erstreckte sich - von geringen Ausnahmen abgesehen - über das ganze Reich. Es stand dem Verbraucher frei zu wählen, in welchem Geschäft er seine Lebensmittel kaufen wollte. Lediglich bei einigen Erzeugnissen, deren Bezugskarten mit einem Bestellschein versehen waren, musste er sich zu Beginn der Versorgungsperiode in einem Geschäft seiner Wahl anmelden und war damit für die Dauer der Gültigkeit der Karte an dieses Geschäft gebunden.

Die Zuteilung der Lebensmittel an die Kleinverteiler erfolgte durch die Ernährungsämter (Abteilung B) auf Grund der von den Verteilern vorgelegten Bestellscheine bzw. Abschnitte von Lebensmittelkarten. Die Händler erhielten Bezugscheine, mit denen sie ihren Bedarf beim Grosshandel decken konnten. Der Grosshändler tauschte diese Bezugscheine beim Ernährungsamt oder dem zuständigen Wirtschaftsverband gegen einen Grossbezugschein um. Das Bezugscheinsystem fügte sich reibungslos in das bestehende System der Warenlenkung ein, da Handel und Verarbeitungsbetriebe bereits

daran gewöhnt waren, ihre Tätigkeit nach Kontingentierungen und Anweisungen auszurichten. Im übrigen waren Verarbeiter und Verteiler den Wirtschaftsverbänden und Kreisbauernschaften bekannt und konnten wirksam überwacht werden.
Für das Verarbeitungsgewerbe ergaben sich durch die Kriegswirtschaft zum Teil erhebliche Veränderungen hinsichtlich der Verwertung der vorhandenen Rohstoffe. In der Mühlenindustrie musste zu höherer Ausmahlung übergegangen werden; zeitweise nahm die Gerstevermahlung und -beimischung erheblichen Umfang an. In der Milchwirtschaft mussten grössere Fettmengen für die Buttererzeugung freigemacht werden. Die Herstellung bestimmter Fettkäsesorten wurde deshalb verboten und die Vollmilchbelieferung auf Personen beschränkt, die ihrer aus Gesundheitsgründen bedurften (Kinder, Kranke, werdende und stillende Mütter). Die übrige Bevölkerung wurde nur noch mit Magermilch versorgt. Ab 1942 wurde auch die restliche Vollmilch bis auf einen Fettgehalt von 2,5 vH entrahmt. Eine entsprechende Regelung zur Sicherung des Fettbedarfs wurde für das Schlachtereigewerbe getroffen. Sämtliche Verteilungsstellen für Fleisch und Fleischwaren mussten 16 vH des Schlachtgewichts von Schweinen in Form von Schlachtfetten an die bezugsberechtigten Verbraucher abgeben. Schlachtereien, die nicht unmittelbar an den Verbraucher verkauften, mussten 5 kg Rohfett je Schwein und alle Betriebe, die gewerblich Rinder schlachteten, den gesamten Talg für die Fettversorgung abliefern.
Die Regulierung der Warenbewegung wurde unter dem Zwang der Kriegswirtschaft in vieler Hinsicht vervollständigt. Ein Gesichtspunkt, der im Laufe des Krieges besondere Bedeutung gewann, war die Verkehrsentlastung. Durch Entflechtung und Neuordnung der Lieferungsbeziehungen sowie durch Änderung der Verarbeitungskontingente nach verkehrstechnischen Erfordernissen wurden ausserordentliche Einsparungen im Verkehrswesen ermöglicht.

5. Einschleusung der Einfuhr

Die Abwendung von der freien Marktwirtschaft im Inneren bedingte selbstverständlich auch eine entsprechende Änderung in den Formen des Aussenhandels. Wenn Störungen des Festpreissystems und des mit grossem organisatorischem Aufwand angestrebten inneren Marktausgleichs vermieden werden sollten, musste die Einfuhr von landwirtschaftlichen Erzeugnissen mengenmässig und zeitlich so gestaltet werden, dass sie ausschliesslich eine Ergänzung der Eigenproduktion bildete; die Preise der eingeführten Waren mussten den geltenden Festpreisen angepasst werden. Diese Aufgabe fiel den Reichsstellen zu, die jeweils für ihren Warenbereich ein Einfuhrmonopol innehatten. In einer Reihe von Fällen erfolgte die Einfuhr auf eigene Rechnung der Reichsstellen, so z. B. bei Getreide und Schlachtvieh, teilweise auch bei Butter, Eiern und anderen Waren. In anderen Fällen blieb der Import in Händen des Einfuhrhandels, der die einzuführende Ware erst jedoch nach "Übernahme" durch die zuständige Reichsstelle auf dem Binnenmarkt in den Verkehr bringen durfte. Die Übernahme stellte rechtlich einen Verkauf der Ware an die Reichsstelle zum Importpreis und den sofortigen Rückverkauf an den Importeur zum geltenden Festpreis dar. Der Unterschiedsbetrag zwischen beiden Preisen war vom Importeur abzuführen. Tatsächlich war die Übernahme der Ware durch die Reichsstelle nur eine Fiktion; ausschlaggebend war allein die Einfuhrgenehmigung und die Entrichtung des Unterschiedsbetrages. Die vollständige Erfassung der Einfuhren durch die Reichsstellen wurde dadurch gesichert, dass die Zollabfertigung nur dann erfolgte, wenn der Übernahmeschein der zuständigen Reichsstelle vorgelegt wurde. Eine weitere Kontrollmöglichkeit war durch die enge Zusammenarbeit der Reichsstellen mit den Überwachungsstellen der Devisenbewirtschaftung gegeben, denn für jedes Einfuhrgeschäft war eine besondere Devisenbescheinigung der zuständigen Überwachungsstelle notwendig.

Durch das System der Reichsstellen war es zwar möglich, die Einfuhr auf den Umfang zurückzuschrauben, der zur Ergänzung der deutschen Produktion gerade notwendig war; es sei denn, dass handelspolitische Rücksichten massgebend waren, die sich aus dem deutschen Ausfuhrbedürfnis ergaben. Ein Überangebot am deutschen Markt, as die Erzeugerfestpreise gefährdete, konnte daher im allgemeinen ver ieden werden. Nicht weniger gefährlich für das Festpreissystem und die Marktordnung konnte aber ein unbefriedigter Bedarf werden, weil er bei längerer Dauer den Schwarzhandel begünstigt und das Angebot aus den legalen Absatzkanälen lockt. Die Einfuhren durften also auch nicht kleiner sein, als zur Ergänzung der Eigenerzeugung notwendig war. In dieser Hinsicht bestanden jedoch in den letzten Vorkriegsjahren gewisse Schwierigkeiten, die durch Devisenmangel verursacht waren. So konnte die Nachfrage nach Fett ab Ende 1936, zeitweise auch die Nachfrage nach Fleisch, nur mangelhaft befriedigt werden, so dass erhebliche Reibungen am Markt entstanden, die nur durch starke Eingriffe in die Warenerzeugung und -verteilung und sogar in den Verbrauch behoben werden konnten. Unter diesem Gesichtspunkt muss z.B. die beschleunigte Durchführung des Milchablieferungszwanges, die Kontingentierung der Käseherstellung, die strenge Absatzkontingentierung für Butter und die Butterrationierung durch Auflegung von Kundenlisten bei den Einzelhändlern betrachtet werden. Die unzureichende Einfuhr zwang also bei der Butter bereits zwei Jahre vor Kriegsbeginn zu Rationierungsmassnahmen, die allerdings noch verhältnismässig locker gehalten waren.

Das Aufrechterhalten der alten Goldparität der Reichsmark bei gleichzeitiger Stützung der Preise führte dazu, dass das Niveau der deutschen Preise vor dem Kriege erheblich über dem der Weltmarktpreise lag. Die Preise für die Einfuhrware musste also auf den Stand der deutschen Festpreise heraufgeschleust werden. Die Reichsstellen zogen dementsprechend erhebliche Unterschiedsbeträge für die importierten Waren ein. Im Laufe des Krieges änderten sich jedoch die Verhältnisse grundlegend. Während es in Deutschland gelang, durch Preis- und Lohnstop, Waren-, Arbeits- und Kreditbewirtschaftung, hohe Besteuerung und zahlreiche andere Mittel die preissteigernde Wirkung der Aufrüstung und der Kriegsausgaben zu unterdrücken, kam es im Ausland überall zu erheblichen Preissteigerungen inflationistischen Charakters. Zwar wurde auch in dem unter deutschem Einfluss stehenden Ausland versucht - zum Teil nach deutschem Muster und mit deutscher Währungshilfe - den Preisauftrieb zu unterbinden, jedoch allgemein mit mehr oder weniger geringerem Erfolg. Der internationale Preisauftrieb brachte die Auslandspreise fast allgemein an das deutsche Preisniveau heran und in einer Reihe von wichtigen Lieferländern Deutschlands sogar darüber hinaus (vgl. Übersicht 6). Die Reichsstellen waren nunmehr gezwungen, die Preise zahlreicher Einfuhrwaren auf das deutsche Preisniveau herabzuschleusen, d.h. die eingeführte Ware mit öffentlichen Mitteln zu verbilligen. Die Verschlechterung des Austauschverhältnisses zwischen deutschen Ausfuhrgütern und ausländischen Einfuhrgütern, die sich durch das Steigen der Auslandspreise bei stabilen Inlandspreisen und stabilen

Übersicht 6: Entwicklung von Erzeuger- und Grosshandelspreisen in Deutschland und in einigen wichtigen Lieferländern Deutschlands 1939 bis 1944

Land	Währungs-einheit	Preise in Landeswährung je 100 kg			Preise in RM je 100 kg			Deutsche Preise = 100		
		Herbst 1939	Herbst 1943	Frühjahr 1944	Herbst 1939	Herbst 1943	Frühjahr 1944	Herbst 1939	Herbst 1943	Frühjahr 1944
Weizen										
Deutschland	RM	19,60	21,80	21,40	19,60	21,80	21,40	100	100	100
Italien	Lire	135,--	245,--	245,--	17,76	32,24	24,50	90,6	147,9	114,5
Rumänien	Lei	420,--	2600,--	2600,--	7,56	43,33	43,33	38,6	198,8	202,5
Ungarn	Pengö	19,75	40,--	40,--	11,83	23,95	23,95	60,4	109,9	111,9
Mais										
Deutschland	RM	20,--	28,--	28,--	20,--	28,--	28,--	100	100	100
Bulgarien	Lera	258,--	660,--	660,--	7,87	20,12	20,12	39,4	71,9	71,9
Rumänien	Lei	410,--	1800,--	2150,--	7,38	30,--	35,83	36,9	107,1	128,0
Ungarn	Pengö	19,60	25,30	33,50	11,74	15,15	20,06	58,7	54,1	71,6
Butter										
Deutschland	RM	268,--	308,50	308,50	268,--	308,50	308,50	100	100	100
Dänemark	Krone	223,--	389,--	389,--	114,95	202,60	202,60	42,9	65,7	65,7
Frankreich	Franc	1401,--	5800,--	-	79,74	290,--	-	29,8	94,0	-
Niederlande	Gulden	76,--	230,--	230,--	101,20	305,20	305,20	37,8	98,9	98,9
Schweine										
Deutschland	RM	97,20	128,--	128,--	97,20	128,--	128,--	100	100	100
Dänemark	Krone	184,--	272,--	272,--	94,85	141,67	141,67	97,6	110,7	110,7
Niederlande	Gulden	52,--	79,--	79,--	69,24	104,83	104,83	71,2	81,9	81,9
Sonnenblumen-Saat										
Ungarn	Pengö	20,--	70,--	70,--	11,98	41,92	41,92	-	-	-

Quelle: Angaben von Dr. Werner Klatt in: Food prices and food price control in German Europe in the fifth year of war (Unveröffentlichtes Manuskript).

Wechselkursen ergab, bereitete unter anderem auch erhebliche Schwierigkeiten für den Transfer und äusserte sich in einem rapiden Ansteigen der deutschen Clearing-Schuld während des Krieges.

Für die Kriegsernährungswirtschaft von besonderer Bedeutung war die Tatsache, dass der Aussenhandel bereits in den Vorkriegsjahren zunehmend auf "blockadefreie" Lieferländer, also die Festlandstaaten mit starker Tendenz nach Südosteuropa abgestellt wurde. Diese Umstellung lag allerdings in der allgemeinen Entwicklungsrichtung der deutschen Aussenhandelspolitik, in der sich unter dem Zwang der Verhältnisse mehr und mehr der Grundsatz der Gegenseitigkeit durchsetzte; für die Abnahme der deutschen Industrieerzeugnisse kamen aber in erster Linie die europäischen Nachbarländer in Betracht.

V. Die einzelnen Warenmärkte

1. Getreide, Brot, Nährmittel

a) Die Preis- und Marktordnung

Getreidebau und Brotversorgung sind das Kernstück der deutschen Land- und Ernährungswirtschaft. Die Getreidewirtschaft, die schon in den Jahren vor 1933 das Gebiet zahlreicher Preisstützungsversuche war, wurde daher auch der Ausgangspunkt des Festpreissystems. Bereits im Herbst 1933 wurden Erzeugermindestpreise für Weizen, Roggen, Futtergerste und Hafer eingeführt. Infolge des guten Ernteergebnisses bestanden zunächst gewisse Schwierigkeiten, die festgesetzten Preise zu halten; aber schon das Jahr 1934 brachte mit einer erheblich geringeren Ernte eine Veränderung der Lage, und es wurden Festpreise für die vier Hauptgetreidearten (sowie für Kleie) eingeführt. Mit Hilfe der ausgleichenden Einfuhrtätigkeit und der Vorratshaltung der Reichsstelle für Getreide war es möglich, den Getreidemarkt in ruhige Bahnen zu lenken.
Der Aufbau des Festpreissystems für Getreide hatte nach Überwindung der Anfangsschwierigkeiten das in Übersicht 7 wiedergegebene Bild. Die Festpreise für die einzelnen Getreidearten waren regional, jahreszeitlich und nach der Qualität gestaffelt. Die räumliche Preisstaffelung sollte den Abfluss der Ware aus den Haupterzeugungsgebieten in die Hauptverbrauchsgebiete bewirken, indem sie einen Ausgleich für die Transportkosten bot. Sie ergab im wesentlichen ein Preisgefälle von Westen nach Osten. Die grössten Preisunterschiede lagen um RM 20,-- je t. Die jahreszeitliche Staffelung der Preise sollte eine Überflutung des Marktes kurz nach der Ernte verhindern und das Angebot möglichst dem sich über das ganze Jahr gleichmässig erstreckenden Bedarf anpassen. Dementsprechend wurden zu Beginn des Erntejahres die niedrigsten Preise gezahlt. Ab August kamen dann zu dem Anfangspreis monatlich steigende Zuschläge, so dass der Getreidepreis gegen Ende des Erntejahres am höchsten war. Der höhere Preis für spätere Ablieferung stellte eine Entschädigung für Zinsverlust, Schwund und Lagerkosten dar. Die Differenz zwischen Anfangs- und Endpreis lag in der Vorkriegszeit je nach Getreideart zwischen RM 13,- und 20,-. Die Staffelung nach der Qualität sah Preisaufschläge und -abschläge vor, die nach dem Hektolitergewicht des Getreides bemessen wurden. Bei Weizen kam ein Sonderzuschlag für überdurchschnittlichen Klebergehalt hinzu.
Auch die Verteilung und die Verarbeitung waren in das Festpreissystem einbezogen. So wurden dem Getreidehandel für bestimmte Leistungen Preisspannen vorgeschrieben. Ebenso waren den Mühlen, Bäckereien und sonstigen Verarbeitungsbetrieben feste Einkaufspreise und feste Verkaufspreise gesetzt.

Übersicht 7: System der Festpreise für Getreide 1938/39 (RM/t)

Getreide-art	Regionale Preisstaffelung			Jahreszeit-liche Preis-staffelung	Qualitätsstaffelung des Preises	
	Zahl der Preis-gebiete	niedrig-ster Preis	höch-ster	Aufschläge (Reports) vom Anfangs- bis Endpreis insg.	Zuschläge für Abweichungen vom durchschnittlichen Hektolitergewicht (1) um 1 kg	Abschläge
Roggen	20	165	187	20	0,70	1,30
Weizen	19	182	202	13	1,50 (2)	2,25
Gerste	14	150	170	14	1,50	1,00
Hafer	18	148	171	15	1,00	1,00

(1) Das durchschnittliche Hektolitergewicht wurde jährlich festgesetzt.
(2) Für überdurchschnittlichen Klebergehalt (amtlich anerkannten Kleber-weizen) wurde ein Sonderzuschlag von RM 20,-- je t gezahlt.

Zur Unterstützung und Kontrolle des Festpreissystems wurde eine umfangreiche Marktregulierung durchgeführt. Mit Hilfe des Schlusscheins wurde zunächst die Ablieferung des Getreides von den Erzeugern an den Handel überwacht. Ab 1936 wurde die Ablieferung durch Abgabeverpflichtungen mengenmässig und zeitlich geregelt. Für den Handel bestand eine Andienungspflicht gegenüber dem Wirtschaftsverband, sofern das Getreide ausserhalb des Verbandsgebietes abgesetzt werden sollte. Die Wirtschaftsverbände hatten somit die Möglichkeit, über die aus ihrem Gebiet hinausgehenden Mengen zu verfügen. Auf diese Weise wurde der Getreideabfluss bis zu den Mühlen und sonstigen Verarbeitungsbetrieben geregelt.
Die weitere Regulierung erfolgte in der Hauptsache durch Kontingentierung der Verarbeitung. Jeder Mühle wurde ein Grundkontingent zugeteilt, das im wesentlichen nach ihrer Produktion in den Jahren 1927 - 1932 festgelegt wurde. Die Ausnutzung der Grundkontingente wurde durch monatliche Festsetzung von Vermahlungsquoten geregelt. Auf diese Weise wurde der Mehlmarkt entsprechend dem jeweiligen Bedarf gespeist. Der weitere Verkehr mit Mehl wurde mit Hilfe des Schlusscheins überwacht. Zur Regulierung des Getreide- und Mehlmarktes dienten ferner Vorschriften über die Vorratshaltung der Mühlen und Bäckereien. Zur Abstimmung von Getreideerzeugung und -bedarf wurden schliesslich Ausmahlungsbestimmungen, Mehltypenbeschränkungen und Beimischungspflichten erlassen.
Die Festsetzung der Mühlenkontingente war zeitweise Gegenstand heftiger Kritiken und Diskussionen. Die Standortlagerung der Mühlen entsprach nämlich der früher umfangreichen Brotgetreideeinfuhr; grosse Verarbeitungskapazitäten ballten sich in den Einfuhrhäfen und an den grossen Binnenwasserstrassen zusammen. Bei zunehmender Selbstversorgung Deutschlands mit Getreide erwies sich diese Standortlagerung als unzweckmässig. So hatten z. B. Getreidezuschussgebiete Vermahlungskontingente inne, die ihren Mehlbedarf erheblich überstiegen, während die Mühlenkontingente in manchen Getreideüberschussgebieten nicht ausreichten, um die eigene Bevölkerung mit Mehl zu versorgen. Die Folge waren unnötige Getreide- und Mehltransporte, ungenügende Ausnutzung der Kapazitäten und andere Missstände. Zu ihrer Beseitigung wurde im letzten Kriegsjahr der sogenannte

Mühlenplan aufgestellt, der aber nicht mehr voll zur Durchführung kam, zumal die Mühlenwirtsch ft unter den Auswirkungen des Luftkrieges stark zu leiden hatte.

b) Der Vorratsaufbau 1937 - 1939

Die Anfänge der Kriegsgetreidewirtschaft im weiteren Sinne reichen bis in das Erntejahr 1937/38 zurück, als mit den Vorbereitungen zur Anlage eines umfangreichen Getreidevorrates begonnen wurde.
Wie die Getreidebilanz für die Jahre 1931/32 bis 1935/36 (Übersicht 8) zeigt, war der Getreideverbrauch für die Fütterung mit gut 10 Mill. t etwa ebenso hoch wie der Bedarf für den menschlichen Verzehr. Seit jeher diente dabei ein grosser Teil der Roggenernte zur Fütterung, vor allem bei der Schweinemast. In dem Jahrfünft 1931/36 waren es durchschnittlich jährlich 2,2 Mill. t. Der Plan ging dahin, die Roggenverfütterung weitgehend abzustellen, die eingesparten Mengen zur lückenlosen Selbstversorgung mit Brotgetreide und darüber hinaus zum Aufbau einer "nationalen Getreidereserve" für den Kriegsfall zu verwenden. Die dabei entstehende Futterlücke sollte teils durch Einfuhr billigen Futtergetreides, teils durch die Überschüsse der steigenden Hackfruchternten geschlossen werden.

Übersicht 8: Die deutsche Getreidebilanz im Durchschnitt der Jahre 1931/32 bis 1935/36 (Mill. t)

Vorgang	Weizen	Roggen	Hafer	Gerste	Mais	insgesamt
Ernte	5,0	7,8	5,7	3,3	0,0	21,8
Einfuhrüberschuss	0,2	0,1	0,0	0,4	0,4	1,1
Verfügbar	5,2	7,9	5,7	3,7	0,4	22,9
Saat und Schwund	0,5	0,9	0,6	0,3	-	2,3
Ernährung	4,2	4,8	0,1	1,2 (1)	0,1	10,4
Futterrest	0,5	2,2	5,0	2,2	0,3	10,2

(1) Davon rd. 0,9 Mill. t Braugerste für die Biererzeugung, 0,2 Mill. t zur Herstellung von Ersatzkaffee, knapp 0,1 Mill. t. für Graupen.
Quelle: Von der Decken, Entwicklung der Selbstversorgung Deutschlands mit landwirtschaftlichen Erzeugnissen, Berlin 1938.

Bereits für die Ernte 1936 waren den landwirtschaftlichen Betrieben Abgabekontingente für Weizen und Roggen auferlegt worden. Darüber hinaus war die Landwirtschaft aufgefordert worden, auch die Roggenmengen, die nach Erfüllung der Kontingente noch vorhanden waren, abzuliefern und gegen Futtergetreide, das die Reichsstelle für Getreide und Futtermittel zum gleichen Preis anbot, einzutauschen. Diese Umtauschaktion auf gleicher Preisgrundlage hatte jedoch nur geringen Erfolg. Überdies bedeutete die Beschränkung der Ablieferungspflicht auf das Brotgetreide eine starke Benachteiligung für die Betriebe mit leichten Böden, die vornehmlich auf Roggenbau angewiesen waren und ihre Ernte bis dahin weitgehend durch die Schweinehaltung verwertet hatten. Ihnen wurde mit steigenden Abliefe-

rungsauflagen für Roggen die Grundlage für die Schweinemast entzogen, während die Betriebe mit besseren Böden, die in grösserem Umfange Gerste als Futtergetreide anbauten, weniger hart betroffen wurden. Es war auch zu befürchten, dass der Roggenanbau zugunsten des Futtergetreidebaues eingeschränkt würde, wo es die Bodenverhältnisse erlaubten.
Aus diesen Gründen wurde der Roggenpreis, der bis 1936/37 mit rund 164 RM je t etwa auf gleicher Höhe mit den Preisen für Hafer und Futtergerste lag, um RM 20 je t erhöht und damit aus dem Niveau der Futtergetreidepreise herausgehoben (vgl. Übersicht 9 und Schaubild 4).

Übersicht 9: Gesetzliche Erzeugerpreise (Festpreise) für inländisches Getreide ab Verladestation im Reichsdurchschnitt (1) 1935/36 bis 1944/45 (RM/t)

Jahr	Weizen	Roggen	Braugerste (2)	Futtergerste	Futterhafer
1935/36	201	164	203	168	163
1936/37	201	164	210	169	163
1937/38	201	184	210	169	164
1938/39	203	185	210	170	170
1939/40	203	185	210	171	172
1940/41	203	185	210	171	178
1941/42	204	187	210	171	179
1942/43	206	190	215	171	186
1943/44	208	192	215	171	187
1944/45	207	190	215	171	187

(1) Reichsgebiet von 1937; gewogen nach der Anbaufläche 1937.
(2) Für 1935/36 und 1936/37 Grosshandelspreis Berlin, ab märkische Station. Ab 1937/38 Erzeugerhöchstpreis für Preisgebiet III. Ab 1942/43 ist die Frühdruschprämie berücksichtigt.
Quelle: Vierteljahreshefte zur Statistik des Deutschen Reichs. - Wirtschaft und Statistik.

Der Mehrpreis wurde den verarbeitenden Mühlen aus Reichsmitteln vergütet, damit er sich nicht auf den Mehl- und Brotpreis auswirken konnte. Die Verfütterung von Roggen und Weizen wurde verboten und unter Strafe gestellt; lediglich das Hinterkorn wurde vom Verfütterungsverbot ausgenommen. Als Ersatz für die bis dahin verfütterten Brotgetreidemengen wurden von der Reichsgetreidestelle Futtergetreide (hauptsächlich in Form von importiertem Mais), Kartoffelflocken und Zuckerschnitzel zur Verfügung gestellt. Die Rekordernte an Hackfrüchten von 1937 und die grossen Hackfruchternten der nachfolgenden Jahre kamen dieser Aktion ausserordentlich zustatten (vgl. hierzu Seite 53). Der Preis für das Ersatzfuttergetreide wurde so festgesetzt, dass er um RM 20 je t unter dem jeweiligen Erzeugerfestpreis für Roggen lag, also dem bis dahin gültigen Roggenpreis entsprach. Die Preise für Kartoffelflocken und Zuckerschnitzel wurden im entsprechenden Verhältnis nach ihrem Futterwert festgesetzt (Kartoffelflocken RM 10 je t unter Roggenpreis, Zuckerschnitzel RM 110 bis 120 je t).

Zur Regelung der Ablieferungspflicht wurde jedem Betrieb ein Getreidegrundkontingent auferlegt, das nach dem normalen Anbauumfang aller Getreidearten zusammengenommen bemessen war. Zur Erfüllung dieses Kon-

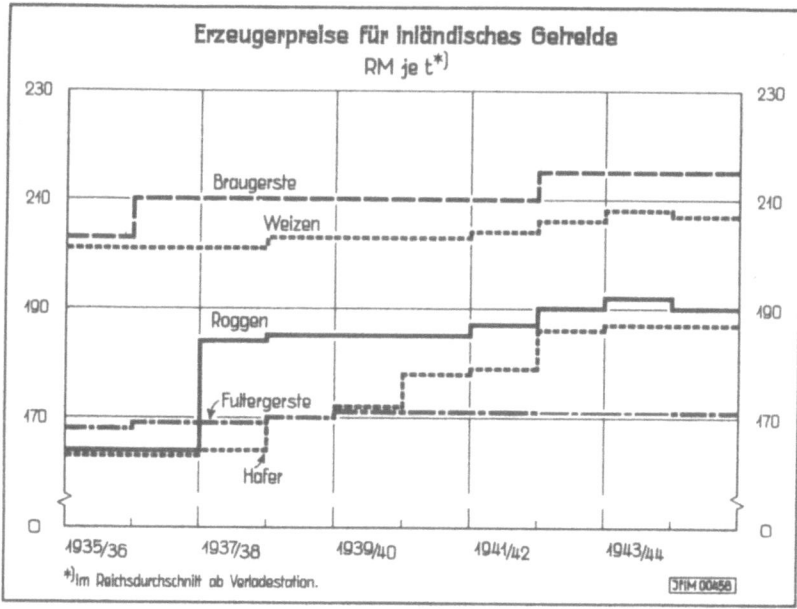

Schaubild 4

tingents war die gesamte Brotgetreideernte, soweit sie nicht zur menschlichen Ernährung oder als Saatgut im Betrieb selbst benötigt wurde oder aus Hinterkorn bestand, ferner eine jährlich festgesetzte Mindestmenge Hafer abzuliefern. Der Rest konnte in Form anderer Getreidearten abgegeben werden. Für Hafer wurden ab 1938/39 mehrere Preisaufbesserungen zugestanden, um einen Anreiz zur Einsparung in den landwirtschaftlichen Betrieben zu geben und die Ablieferungsbereitschaft zu fördern. 1942/43 war der Erzeugerpreis rund 14% höher als 1935/36 (vgl. Übersicht 9).

Der Erfolg dieser Massnahmen war ein Rückgang der Roggenverfütterung von etwa 2,2 Mill. t im Durchschnitt 1931/36 auf etwa 1,2 bis 1,4 Mill t im Durchschnitt der 3 letzten Vorkriegsjahre und ein entsprechendes Ansteigen der Roggenablieferung (vgl. Übersicht 10). Neben den guten Getreideernten von 1938 und 1939 und den ab 1936/37 wieder ansteigenden Einfuhren trug diese Umleitung des Roggens in die Mühlen und Lagerhäuser sehr erheblich zur Bildung eines umfangreichen Getreidevorrats bei. Zur Unterstützung der Vorratsbildung wurde das Brotgetreide durch Beimischung von Kartoffelstärkemehl und durch erhöhte Ausmahlung gestreckt (vgl. Übersicht 11).

Der Vorrat an Brotgetreide stieg von 2,3 Mill. t Mitte 1937 auf 6,4 Mill. t Mitte 1939, er war für die Brotversorgung im Kriege von ausschlaggebender Bedeutung. Hinzu kam ein Futtergetreidevorrat von 2,4 Mill. t zu Beginn des Wirtschaftsjahres 1939/40.

Übersicht 10: Anbau, Ernte und Ablieferung von Getreide 1935/36 - 1944/45
(Reichsgebiet von 1937)

Ernte-jahr	Erntefläche Mill. ha	Ertrag dz/ha	Ernte Mill. t	Ablieferung Mill. t	Ablieferung vH d. Ernte	Ernte abz. Ablieferung Mill. t
			Weizen			
1935/36	2,11	22,2	4,67	3,43	73,4	1,24
1936/37	2,08	21,2	4,43	3,11	70,2	1,32
1937/38	1,98	22,6	4,47	3,25	72,9	1,22
1938/39	2,04	27,4	5,58	4,46	79,9	1,12
1939/40	2,06	23,5	4,87	3,39	69,5	1,48
1940/41	1,90	21,7	4,12	2,70	65,8	1,42
1941/42	1,94	22,1	4,28	2,87	67,2	1,41
1942/43	1,72	20,8	3,57	2,48	69,3	1,09
1943/44	1,80	24,2	4,34	3,44	79,2	0,90
1944/45	1,78	21,4	3,81	.	.	.
			Roggen			
1935/36	4,54	16,5	7,48	2,97	39,7	4,51
1936/37	4,51	16,4	7,39	3,11	42,1	4,28
1937/38	4,16	16,6	6,92	3,65	52,8	3,27
1938/39	4,26	20,2	8,61	5,34	62,0	3,27
1939/40	4,22	19,7	8,34	4,96	59,9	3,38
1940/41	3,98	16,4	6,53	3,72	56,9	2,81
1941/42	4,10	17,9	7,32	4,79	65,5	2,53
1942/43	3,38	16,7	5,65	4,09	72,4	1,56
1943/44	3,98	19,2	7,64	6,28	82,2	1,36
1944/45	3,85	16,8	6,49	.	.	.
			Gerste (Sommer- und Wintergerste)			
1935/36	1,61	21,0	3,39	.	.	.
1936/37	1,64	20,7	3,40	1,29	37,8	2,11
1937/38	1,71	21,3	3,64	1,50	41,3	2,14
1938/39	1,67	25,4	4,25	1,93	45,3	2,32
1939/40	1,67	22,2	3,71	1,57	42,4	2,14
1940/41	1,69	20,7	3,49	1,40	40,0	2,09
1941/42	1,56	20,1	3,14	0,96	30,5	2,18
1942/43	1,50	21,3	3,19	2,31	72,5	0,88
1943/44	1,20	21,9	2,63	1,19	45,1	1,44
1944/45	1,18	19,4	2,29	.	.	.
			Hafer			
1935/36	2,79	19,3	5,39	.	.	.
1936/37	2,78	20,2	5,62	0,55	9,9	5,07
1937/38	2,85	20,8	5,92	0,65	11,0	5,27
1938/39	2,70	23,6	6,37	1,01	15,9	5,36
1939/40	2,82	21,6	6,09	1,16	19,1	4,93
1940/41	2,84	21,1	5,99	1,30	21,7	4,69
1941/42	2,64	19,1	5,05	0,80	15,8	4,25
1942/43	2,81	21,6	6,07	1,30	21,4	4,77
1943/44	2,54	21,3	5,39	0,85	15,9	4,54
1944/45	2,44	18,2	4,44	.	.	.

Übersicht 11: Ausmahlungsquoten im Jahresdurchschnitt 1935/36 - 1944/45

Erntejahr	Roggenmehl (1)	Weizenmehl (1)	Gerstenmehl (1)
1935/36	74,7	74,7	-
1936/37	80,0	77,0	-
1937/38	83,4	79,3	-
1938/39	77,8	79,7	-
1939/40	78,0	77,3	81,9
1940/41	80,5	78,7	81,9
1941/42	87,2	92,4	81,9
1942/43	94,4	88,3	81,9
1943/44	94,9	82,0	82,4
1944/45	94,9	86,0	82,4

(1) Einschliesslich Backschrot.

Quelle: Angaben der Hauptvereinigung für Getreide und Futtermittel.

c) Kriegswirtschaftliche Massnahmen

Die seit 1937 bestehende Regelung der Getreideablieferung konnte nach Kriegsausbruch ohne grundsätzliche Änderungen beibehalten werden. Insbesondere blieb die totale Ablieferungspflicht für Brotgetreide bestehen. Der Eigenverbrauch der landwirtschaftlichen Betriebe für die menschliche Ernährung wurde allerdings rationiert und die Lieferungserwartungen entsprechend festgesetzt. Die Aufbringung der erforderlichen Futtergetreidemengen wurde praktisch weiterhin durch Umlagen geregelt.

Eine Verschärfung der Ablieferungsregelung trat nach der schlechten Ernte von 1942 ein. Da die Gerste zu einem erheblichen Teil zur Streckung des Brotgetreides verwendet werden musste, wurde für sie - ebenso wie für Weizen und Roggen - in den Erntejahren 1942 und 1943 die totale Ablieferungspflicht eingeführt. Ihre Verfütterung ohne besondere Freigabe wurde verboten. Auch preismässig wurde sie den Brotgetreidearten angepasst, indem sämtliche Gerste in den Hauptablieferungsmonaten zum Braugerstepreis übernommen wurde. Die Mehrkosten gegenüber der Roggenvermahlung wurden durch Subventionen der Reichskasse an die Mühlen gedeckt. Um die entgegen allen Bestimmungen noch immer umfangreiche Roggenverfütterung einzudämmen, wurde das Abtrennen von Hinterkorn grundsätzlich verboten und die Benutzung von Schrotmühlen in landwirtschaftlichen Betrieben untersagt. Das Schroten von Getreide für Futterzwecke durfte nur noch an besonders zugelassenen Stellen stattfinden, denen das Verschroten von Brotgetreide unter Strafe verboten war. Die Ablieferungen wurden von den Kreisbauernschaften in ihrer Eigenschaft als Ernährungsämter (Abteilung A) an Hand der Schlussscheine überwacht, deren Angaben in einer Marktleistungskartei für die einzelnen Betriebe zusammengestellt wurden. Betriebe mit mangelnden Ablieferungsleistungen wurden vermahnt und unter Umständen mit Entzug der Hausschlachtungsgenehmigung bedroht.

Zu Übersicht 10 auf Seite 44:

Quelle: Statistisches Handbuch von Deutschland.

Durch Hofbegehungskommissionen wurden die Vorräte und die Leistungsfähigkeit der einzelnen Betriebe an Ort und Stelle überprüft. Auf diese Weise gelang es, die Ablieferung von Brotgetreide, dem 1942/43 auch die Gerste zugerechnet wurde, absolut und im Verhältnis zur Erntemenge zu steigern (vgl. Übersicht 10). Praktisch verloren jedoch alle Massnahmen zur Forcierung der Ablieferungen dort ihre Wirksamkeit, wo sie den Eigenverbrauch der landwirtschaftlichen Bevölkerung in fühlbarem Masse zu beeinträchtigen begannen. Z.B. sind noch bis 1943/44 jährlich mindestens 1 Mill. t Roggen verfüttert worden, und zwar ausschliesslich an Selbstversorgerschweine. Erwägungen über die Rentabilität der Roggenverfütterung spielten unter diesen Umständen nur eine untergeordnete Rolle und fielen mit zunehmender Verknappung der Eigenversorgung ganz fort. Im übrigen suchte man sich der Ablieferungspflicht durch Minderangabe der Brotgetreideflächen gunsten der Futterflächen zu entziehen, denn die Futterflächen wurden ja bei der Festsetzung der Ablieferungskontingente oder -erwartungen nicht berücksichtigt. Diese statistischen Veränderungen der Anbauflächen nahmen im Laufe der Kriegsjahre erheblichen Umfang an. Man schätzt die Mehrernte an Brotgetreide durch Flächenzuschläge gegenüber den amtlichen Ermittlungen für 1941 auf 300 000 t, für 1942 auf 500 000 t und für 1943 auf 1 Mill. t. Diese Getreidemengen sind in der Hauptsache der Fütterung zugutegekommen. Auch schon in der Vorkriegszeit wurde die Frage der Selbstversorgung mit Schlachtschweinen in diesem Zusammenhang von grosser Bedeutung, und zwar, weil man mit der gewohnten Roggenmast eine bessere Qualität der Schlachttiere, besonders einen besseren Speck, erzielen zu können glaubte als mit Mais und Zuckerschnitzeln.

Bei der im Laufe des Krieges immer schwieriger werdenden Brotgetreidelage wurde zur Überbrückung der Zeit zwischen den Ernten eine frühzeitige Ablieferung immer dringlicher. Deshalb wurden 1941/42 die jahreszeitlichen Zuschläge zum Anfangspreis (Reports) vorverlegt. Ab 1942/43 wurde die Staffelung der Reports in dieser Richtung noch verstärkt und ausserdem in den ersten Monaten nach der Ernte eine Prämie von RM 10,- je t für die frühzeitige Ablieferung gewährt. Die jahreszeitliche Staffelung der Preise bekam dadurch das umgekehrte Bild wie vor dem Kriege (vgl. Schaubild 5). Durch frühzeitige Ablieferung war den Erzeugern die Möglichkeit zu einem höheren Erlös gegeben, was in einem mässigen Ansteigen der Jahresdurchschnittspreise zum Ausdruck kam. Auch diese Preiserhöhungen wurden durch Subventionen ausgeglichen (vgl. Übersicht 12). Der Brotpreis wurde also gegen sämtliche Erhöhungen der Getreidepreise, die seit 1937 erfolgten, durch Zuschüsse der öffentlichen Hand abgeschirmt (1). Die Hebung der Getreidepreise aus dem Krisentiefstand, die in den Jahren 1933 bis 1935 erfolgte, ging zu Lasten der während der Krise allerdings stark überhöhten Handels- und Verarbeitungsspanne, die sogar noch eine geringe Ermässigung des Brotpreises zuliess. Abgesehen von dieser Verbilligung in den Jahren 1933 bis 1935 blieb der Brotpreis infolgedessen von 1933 bis Kriegsende ohne jede Änderung (vgl. Schaubild 6 und Übersicht 13).
Die Versorgungslage im Kriege war gekennzeichnet einerseits durch abfallende Erntemengen infolge Rückgang der Erträge und der Ernteflächen (zum Teil allerdings nur statistisch) sowie andererseits durch steigenden Bedarf für den Direktverzehr infolge des Ausfalls von hochwertigen Nah-

---

(1) Vgl. hierzu Übersicht 3 auf Seite 15 ff.

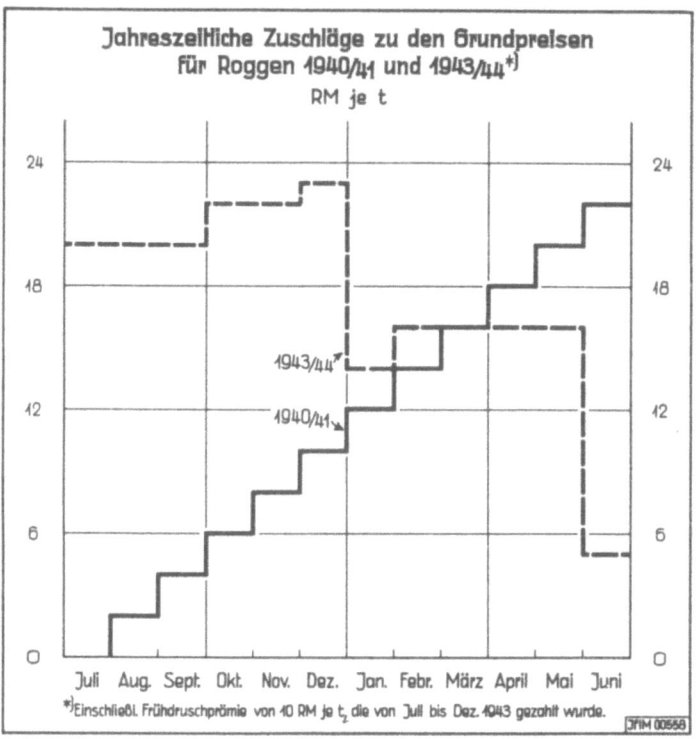

Schaubild 5

Übersicht 12: Jahreszeitliche Zuschläge zu den Grundpreisen für Roggen 1940/41 und 1943/44 (RM/t)

Monat	1940/41	1943/44 (1)
Juli	--	20
August	2	20
September	4	20
Oktober	6	22
November	8	22
Dezember	10	23
Januar	12	14
Februar	14	16
März	16	16
April	18	16
Mai	20	16
Juni	22	5

(1) Juli bis Dezember einschliesslich Frühdruschprämie von 10 RM/t.
Quelle: Wirtschaft und Statistik, Jg. 21 (1941), S. 260 und Jg. 24 (1944), S. 113.

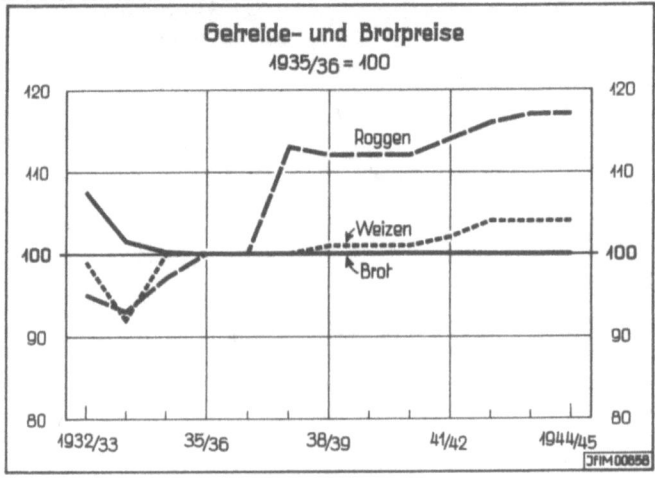

Schaubild 6

Übersicht 13: Getreidepreise und Brotpreise 1932/33 - 1944/45 (1935/36 = 100)

Jahr (Juli - Juni)	Weizen (1)	Roggen (1)	Brot (2)
1932/33	99	95	107,6
1933/34	92	93	101,6
1934/35	100	97	100,3
1935/36	100	100	100
1936/37	100	100	100
1937/38	100	113	100
1938/39	101	112	100
1939/40	101	112	100
1940/41	101	112	100
1941/42	102	114	100
1942/43	104	116	100
1943/44	104	117	100
1944/45	104	117	100

(1) Preisindexziffern der aus der Landwirtschaft zum Verkauf gelangenden Erzeugnisse.
(2) Meistgekaufte Sorte, gewogener Durchschnitt von 72 Gemeinden.
Quelle: Statistisches Jahrbuch für das Deutsche Reich. - Wirtschaft und Statistik.

rungsmitteln wie Fett und Fleisch (vgl. Übersicht 14). Der Rückgang der Erntemengen wurde durch steigende Einfuhr und durch den Abbau der vor dem Kriege aufgespeicherten Vorräte gedeckt. Von dem Gesamtverbrauch in den 5 Kriegsjahren 1939/40 bis 1943/44, der im Reichsgebiet vom 1.9. 1939 rund 144 Mill. t betrug, wurden 122 Mill. t oder 84 vH aus eigener Erzeugung bestritten, 17 Mill. t oder 12 vH stammten aus Einfuhren, davon fast 10 Mill. t aus Russland und dem ehemaligen Polen, der Rest von 5,7 Mill. t oder 4 vH konnte den von der Reichsstelle für Getreide angelegten Vorräten entnommen werden. Der Mehrbedarf an Getreide für Brot und

Übersicht 14: Die Getreideversorgung Deutschlands 1938/39 - 1943/44 (1)
(Mill. t)

Anfall und Verbrauch	1938/39	1939/40	1940/41	1941/42	1942/43	1943/44	1939/40 bis 1943/44
Erntemenge	29,6	27,5	24,0	23,6 (4)	22,7 (4)	23,9 (4)	121,7
Einfuhrüberschuss	2,5	2,1	2,2	3,0	5,1	4,6	17,0
Anfangsbestand	4,8	8,8	7,5	3,1	1,8	2,5	8,8
Verfügbare Menge	36,9	38,4	33,7	29,7	29,6	31,0	147,5
Saat und Schwund	3,0	3,0	2,9	3,0	2,9	2,9	14,7
Menschl. Verzehr (2)	12,4	14,1	13,8	13,2	12,8	14,5	68,4
darunter zur Brotherstellung (3)	10,4	11,8	11,9	11,5	11,6	13,2	60,0
Verfütterung	12,7	13,8	13,9	11,7 (4)	11,4 (4)	10,5 (4)	61,3
Verbrauch insgesamt	28,1	30,9	30,6	27,9	27,1	27,9	144,4
Endbestand	8,8	7,5	3,1	1,8	2,5	(3,1)	(3,1)

(1) Reichsgebiet vom 1.9.1939.
(2) Verbrauch für die Herstellung von Brot, Mehl, Nährmitteln, Kaffeeersatz, Bier und Branntwein.
(3) Einschliesslich Nährmittel für die Wehrmacht, soweit aus Weizen und Roggen hergestellt.
(4) Die Erntemengen sind ab 1941/42 infolge Minderangaben der Brotgetreideflächen unterschätzt. Sie dürften 1941 um 300 000 t, 1942 um 500 000 t und 1943 um 1 Mill. t grösser gewesen sein. Dieser Mehranfall ist in der Hauptsache der Verfütterung zugutegekommen.
Quelle: Zusammengestellt und z.T. geschätzt nach "Schaubilder zur deutschen und europäischen Ernährungswirtschaft" sowie unveröffentlichten Unterlagen der Hauptvereinigung der deutschen Getreide- und Futtermittelwirtschaft.

Nährmittel wurde zum Teil durch Einschränkung der Bierbrauerei und Branntweinbrennerei gedeckt (bis zu 900 000 t jährlich). Im übrigen ging die Steigerung des Direktverzehrs auf Kosten der für die Verfütterung verfügbaren Mengen. Dabei ist zu beachten, dass zusätzliche Mengen von Futtergetreide für die Zugtiere der Wehrmacht beansprucht wurden. Die Verknappung der Kraftfuttermittel wurde noch verschärft durch geringeren Anfall von Kleie infolge höherer Ausmahlung des Getreides und durch den Fortfall grösserer Ölkuchen- bzw. Ölsaateneinfuhren. Auch die schon in den Vorkriegsjahren forcierte Herstellung von Zuckerschnitzeln und anderen hochwertigen Futtermitteln aus Zuckerrüben konnte trotz der bis 1942 sehr günstigen Zuckerrübenernten diese Entwicklung nicht aufhalten. Da auch die Kartoffel in zunehmendem Masse zur unmittelbaren menschlichen Ernährung herangezogen werden musste, schrumpfte die Gesamtmenge an konzentrierten und leicht verdaulichen Futtermitteln verhältnismässig noch stärker zusammen als das Futtergetreide. 1943/44 dürften der landwirtschaftlichen Produktion nur noch etwa 65 vH der Vorkriegsmengen an Kraftfuttermitteln einschliesslich Kartoffeln zur Verfügung gestanden haben, 1944/45 wahrscheinlich nur noch 50 bis 55 vH. Diese Entwicklung hatte natürlich entsprechende Rückwirkungen auf die Viehproduktion, insbesondere die Schweinehaltung.

2. Kartoffeln

a) Die Lage um 1932 und die Entwicklung des Kartoffelbaues unter dem Einfluss der Autarkiepolitik

Ein sehr erheblicher Teil der deutschen Kartoffelernten - im Durchschnitt 1931 bis 1935 waren es 40 vH - wurde seit jeher in der Schweinemast verwendet. Die Bewertung der Kartoffel wurde also grundlegend von dem Erlös bestimmt, der durch die Umsetzung in Fleisch und Fett zu erzielen war. Von dem ausserordentlichen Rückgang, den die Schlachtviehpreise in der Deflationskrise 1929/32 erlitten, wurden also auch die Kartoffelpreise betroffen. Hinzu kommt, dass Kartoffeln und Getreide in der Schweinemast weitgehend austauschbar sind; die Kartoffel musste also mit Futtergetreide und auch mit Ölkuchen konkurrieren, die zu niedrigen Preisen vom Ausland angeboten wurden, und war als leicht verderbliche Ware gezwungen, aus diesem Konkurrenzkampf auf alle Fälle als Sieger hervorzugehen. So ergab sich, besonders nach der guten Kartoffelernte von 1932, ein heftiger Preissturz.

Durch die Einfuhrbeschränkungen für Getreide und Ölsaaten und die Hebung der Schlachtschweinepreise in den Jahren 1933/34 bekam die Kartoffel eine Stellung als Futtermittel, die eine günstige und reibungslose Verwertung auch bei steigenden Erntemengen gewährleistete. Bei gleichzeitiger Verbilligung der Handelsdüngemittel waren damit die Voraussetzungen für eine starke Intensivierung des Kartoffelbaues gegeben. Erfolge in der Züchtung, vermehrte Verwendung hochwertigen Saatgutes, verbesserte Bearbeitungsmethoden und vermehrter Düngeraufwand führten, begünstigt durch das Wetter, zu einer beachtlichen Steigerung der Erträge. Die Einführung und schnell zunehmende Verwendung von gummibereiften Schleppern und gummibereiften Ackerwagen ermöglichte die Überwindung der sich damit verstärkenden Arbeitsspitze in der Erntezeit. Die Ernten stiegen bei einer Ausweitung der Anbaufläche um nur 4,4 vH von 42,4 Mill. t im Durchschnitt der Jahre 1931/35 auf 51,5 Mill. t im Durchschnitt 1936/40, also um über 9 Mill. t oder 22 vH (vgl. Übersicht 15). Die Kartoffelproduktion hatte damit einen Umfang erreicht, der eine ausreichende Versorgung auch unter den steigenden Anforderungen im Kriege ermöglichte. Hauptziel der Kartoffelwirtschaft im Kriege war es deshalb, diesen hohen Stand der Produktion zu halten und den Umfang der Verwertung durch unmittelbaren Verzehr, Verfütterung und Verarbeitung den jeweiligen Erfordernissen anzupassen.

Übersicht 15: Anbauflächen, Erträge und Ernten von Kartoffeln 1931 - 1944

Jahr	Spätkartoffeln			Frühkartoffeln			Kartoffeln insges.		
	Anbaufläche	Ertrag	Ernte	Anbaufläche	Ertrag	Ernte	Anbaufläche	Ertrag	Ernte
	Mill. ha	dz je ha	Mill. t	Mill. ha	dz je ha	Mill. t	Mill. ha	dz je ha	Mill. t
1931	.	.	.	.	.	.	2,65	155	41,2
1932	.	.	.	.	.	.	2,71	163	44,2
1933	.	.	.	.	.	.	2,72	153	41,5
1934	.	.	.	.	.	.	2,75	161	44,3
1935	2,64	152	39,7	0,13	99	1,3	2,77	149	41,0
1931/35	.	.	.	.	.	.	2,72	156	42,4
1936	2,66	168	44,7	0,13	121	1,6	2,79	166	46,3
1937	2,76	195	53,6	0,13	133	1,7	2,89	192	55,3
1938	2,76	178	49,1	0,13	130	1,8	2,89	176	50,9
1939	2,71	184	50,0	0,12	132	1,6	2,83	182	51,6
1940	2,69	191	51,4	0,12	136	1,7	2,81	189	53,1
1936/40	2,72	183	49,8	0,13	130	1,7	2,84	181	51,5
1941	2,61	160	41,9	0,13	127	1,7	2,74	159	43,6
1942	2,60	184	47,8	0,18	151	2,7	2,78	152	50,5
1943	2,44	135	33,0	0,22	138	3,1	2,66	135	36,1
1944	2,48	145	36,0	0,22	119	2,6	2,70	143	38,6
1941/44	2,53	156	39,7	0,19	134	2,5	2,72	155	42,2

Quelle: Statistik des Deutschen Reichs, Bd. 536. - Statistisches Handbuch von Deutschland.

b) Die Preis- und Marktordnung

In dem Festpreissystem für Spätkartoffeln, das in seinem grundsätzlichen Aufbau ab 1935 in Geltung war, wurden zunächst nach dem Verwendungszweck Speise-, Futter- und Fabrikkartoffeln unterschieden (vgl. Übersicht 16). Die günstigste Preisstellung erhielten die Speisekartoffeln, was zum Teil durch die besonderen Ansprüche, die hinsichtlich der Qualität und der Behandlung (Sortierung und Verladung) gestellt wurden, bedingt war. Darüber hinaus sollte die Preisbegünstigung ein stets reichliches Angebot hervorrufen und die reibungslose Deckung des Speisekartoffelbedarfs mit Vorrang vor den anderen Verwertungsarten sicherstellen. Ein besonderer Qualitätsaufschlag war dabei für die gelbfleischigen Sorten festgesetzt, die im allgemeinen mehr begehrt, aber weniger ertragreich sind als die weissfleischigen. Eine Qualitätsstaffelung, hier allerdings auf einen speziellen Zweck abgestellt, stellt auch die Preisfestsetzung für Fabrikkartoffeln nach dem Stärkegehalt dar. Sie sollte dahin wirken, dass nur stärkereiche Kartoffelsorten der Verarbeitung zugeführt wurden.
Dem regionalen Marktausgleich diente die Einteilung des Reichsgebietes in fünf Preisgebiete, durch die ein Preisanstieg von den Produktionsgebie-

Übersicht 16: System der Festpreise für Kartoffeln frei Empfangsstation 1938/39

Preisgebiet	Speisekartoffelpreis (RM/100 kg)				Futterkartoffelpreis (RM/100 kg)		Fabrikkartoffelpreis (RM/kg Stärke)	
	weissfleischige Sorten		gelbfleischige Sorten		Mindestpreis	Höchstpreis	bis 30.11.	ab 1.12.
	Jahresanfangspreis	Jahresendpreis	Jahresanfangspreis	Jahresendpreis				
I.	4,30	5,50	4,90	6,10	3,20	3,50	0,20	0,21
II.	4,40	5,60	5,00	6,20	3,40	3,70	0,20	0,21
III.	4,50	5,70	5,10	6,30	3,50	3,80	0,20	0,21
IV.	4,70	5,90	5,30	6,50	3,70	4,00	0,20	0,21
V.	4,80	6,00	5,40	6,60	3,80	4,10	0,20	0,21

ten im Osten zu den grossen Verbrauchsgebieten im Westen geschlossen wurde. Dieses Preisgefälle wurde durch die Festsetzung der Erzeugerpreise frei Empfangsstation verstärkt und verfeinert. Die Preisfestsetzungen von 1933/34 sahen zunächst einen Erzeugerpreis ab Verladestation vor.
Dabei hatte sich gezeigt, dass bei dem damaligen reichlichen Angebot die am weitesten vom Markt entfernten Erzeugergebiete entweder gar nicht zum Speisekartoffelabsatz kamen oder doch erst dann, wenn die marktnahen Gebiete ihr Angebot restlos untergebracht hatten. Bei dem im Kriege stark steigenden Kartoffelbedarf führte jedoch die Preisfestsetzung frei Empfangsstation dazu, dass Verbrauchsgebiete, die durch ihre entfernte Lage hohe Frachtabzüge verursachten, unzureichend versorgt wurden. Ab 1942 wurden deshalb die Erzeugerpreise für Speisekartoffeln und Fabrikkartoffeln wieder ab Verladestation festgesetzt, jedoch gleichzeitig für den Empfangshandel ein Frachtkostenausgleich reichseinheitlich durchgeführt. Die Empfänger hatten einen bestimmten Satz je Doppelzentner Kartoffeln an die Ausgleichskasse abzuführen und erhielten dafür die tatsächlich entstandenen Frachtkosten erstattet. Wurde die Ware aus einem Preisgebiet mit niedrigeren Erzeugerpreisen bezogen, so wurde der Preisunterschied von den zu erstattenden Frachtkosten abgesetzt. Dadurch ergab sich an allen Orten eines Preisgebietes der gleiche Einstandspreis für den Empfangshandel. Auf der anderen Seite wurde durch die Festsetzung der Erzeugerpreise ab Verladestation ein einheitlicher Erzeugerpreis an allen Orten des gleichen Preisgebietes geschaffen, wodurch frachtungünstig gelegene Gebiete zu verstärkter Erzeugung und Marktbelieferung (anstatt Verfütterung) angeregt wurden.

Zur Erleichterung des Saisonausgleichs waren die Preise für Speisekartoffeln (und in gröberer Form auch für Fabrikkartoffeln) jahreszeitlich gestaffelt, während bei den Futterkartoffeln eine Preisspanne zur Selbstregulierung gelassen wurde.

Für Frühkartoffeln wurden Festpreise zu Beginn der Ernte festgelegt, die mit dem Ernteablauf ermässigt wurden und Mitte bis Ende August den Anschluss an die Spätkartoffelpreise erreichten.

Zur Sicherung des regionalen und jahreszeitlichen Marktausgleichs war den Organen der Marktordnung, hier der Hauptvereinigung der deutschen Kartoffelwirtschaft und ihren Wirtschaftsverbänden, auf Grund der Andienungspflicht die Möglichkeit zu direkten Eingriffen in den Marktablauf gegeben. Die erforderliche Übersicht über die Verkäufe der Erzeuger an den Handel erhielten diese Stellen durch die Schlussscheine. Auf diese Weise wurden alle Warenbewegungen erfasst und erforderlichenfalls gelenkt. Zum Teil wurden auch Lieferbeziehungen zwischen bestimmten Erzeugungs- und Verbrauchsgebieten von vornherein festgelegt. Im Kriege gewannen diese Massnahmen unter dem Gesichtspunkt der Transportersparnis erhöhte Bedeutung. So wurden z.B. ab 1940 Lieferungen in bestimmte Überschussgebiete und Lieferungen aus den Zuschussgebieten grundsätzlich verboten.

c) Sondermassnahmen in der Kriegswirtschaft

aa) Die Ausnutzung der Kartoffel für die Getreidevorratswirtschaft

Als im Jahre 1937 mit dem Aufbau eines grösseren Getreidevorrates begonnen wurde, wollte man hierfür auch den Kartoffelbau, der an Nährwerten bekanntlich das Doppelte je Flächeneinheit hervorbringt wie der Getreidebau, nutzbar machen, indem man die Verarbeitung zu Trockenerzeugnissen ausdehnte. Den Kartoffelstärke- und Kartoffelflockenfabriken wurden daher Auflagen für eine gesteigerte Verarbeitung erteilt. Um den Fabriken die Beschaffung der benötigten Kartoffelmengen zu ermöglichen, wurde der Preis für Fabrikkartoffeln im Jahre 1937 von RM 0,17 auf RM 0,20 und im Jahre 1941 weiter auf RM 0,22 je kg Stärkegehalt erhöht (vgl. Übersicht 17). Bei Annahme eines durchschnittlichen Stärkegehaltes von 18 vH entspricht das einem Preis je dz Kartoffeln von RM 3,06 bzw. 3,60 und 3,96. Eine weitere Preiserhöhung auf RM 0,32 erfolgte 1942 im Zuge einer allgemeinen Heraufsetzung der Kartoffelpreise, die eine Anbauerweiterung herbeiführen sollte; sie wird in anderem Zusammenhang behandelt (vgl. Seite 59 f.). Zum Ausgleich wurden auch die Herstellerpreise für die Erzeugnisse (vgl. Übersicht 18) heraufgesetzt, gleichzeitig aber die Verbraucherpreise für bestimmte Verwendungszwecke durch Reichszuschüsse ermässigt. So wurden Kartoffelflocken zu Futterzwecken ab 1937 auch bei den weiter steigenden Herstellerpreisen für einen Verbraucherpreis frei Empfangsstation abgegeben, der RM 1,00 je 100 kg unter dem Erzeugerpreis für Roggen lag (mithin für durchschnittlich RM 17,50/100 kg). Für Stärkemehl und Kartoffelwalzmehl, das aus Kartoffelflocken hergestellt wird, wurde ein Beimischungszwang zum Brotmehl geschaffen. Für diesen Verwendungszweck wurden die Verbraucherpreise den Brotmehlpreisen angepasst. Die für die Verbilligung aufgewendeten Mittel beliefen sich in den Vorkriegsjahren auf 4 bis 5 Mill. RM jährlich, nach der Kartoffelpreiserhöhung von 1942 betrugen sie je nach Umfang der Kartoffelverarbeitung 20 bis 30 Mill. RM. Weiter wurden für die technische Verbesserung und Neuerrichtung von Kartoffelverarbeitungsbetrieben in den Jahren 1938 bis 1944 jährlich 5 bis 15 Mill. RM verlorene Zuschüsse gezahlt.

Im Kriege wurden zur Förderung der Fabrikkartoffellieferung Naturalprämien gewährt (3 kg Stärkemehl je 100 dz gelieferte Kartoffeln), und zwar ab 1941 für Lieferungen an Stärkefabriken, ab 1942 auch für Lieferungen an Flockenfabriken. Soweit die Fabriken nicht in der Lage waren, sich die benötigten Kartoffelmengen durch frei vereinbarte Lieferungsverträge zu beschaffen, wurden auch Lieferungskontingente eingeführt.

Die Verarbeitung von Kartoffeln in Stärke- und Flockenfabriken stieg durch diese Massnahme im Jahre 1937/38 auf 3,6 Mill. t gegenüber 1,4 Mill. t in den Vorjahren (vgl. Übersicht 19). Sie konnte allerdings in den folgenden

Übersicht 17: Erzeugerfestpreise für Kartoffeln 1935/36 bis 1944/45
frei Empfangsstation

Jahr	Speisekartoffeln (1)(2)		Frühkartoffeln (1)		Futterkartoffeln (2)	Fabrikkartoffeln (3)
	gelbfleischige	weissfleischige	lange gelbfleischige	weissfleischige	RM/100 kg	RM/kg Stärke
	RM/100 kg		RM/100 kg			
1935/36	5,40	4,80	15,00	13,40	-	0,165
1936/37	5,10	4,50	15,00	13,40	3,50 - 3,80	0,17
1937/38	5,10	4,50	15,00	13,40	3,50 - 3,80	0,20
1938/39	5,10	4,50	15,00	13,40	3,50 - 3,80	0,20
1939/40	5,10	4,50	15,00	13,40	3,50 - 3,80	0,20
1940/41	5,10	4,50	15,00	13,40	3,50 - 3,80	0,20
1941/42	5,10	4,50	15,00	13,40	3,50 - 3,80	0,22
1942/43	6,60 / 6,20 (4)	6,00 / 5,60 (4)	20,00	18,00	3,50 - 3,80	0,32
1943/44	6,20 (4)	5,60 (4)	20,00	18,00	3,50 - 3,80	0,32
1944/45	6,20 (4)	5,60 (4)	20,00	18,00	3,50 - 3,80	0,32

(1) Anfangspreise der Verkaufsperiode.
(2) Preisgebiet III.
(3) Preise in der Hauptverkaufsperiode. Ab 1941/42 nur für Kartoffeln zur Stärke- und Flockenherstellung. Ab 1942/43 ist ein fester Frachtkostenanteil des Erzeugers von RM 0,20/100 kg Kartoffelbruttogewicht festgesetzt worden; es ergibt sich dadurch praktisch ein einheitlicher Preis ab Verladestation.
(4) Preis ab Verladestation.
Quelle: Wirtschaft und Statistik.

Übersicht 18: Preise für Kartoffelflocken und Kartoffelstärkemehl 1936 - 1944
(RM/100 kg)

Wirtschaftsjahr	Kartoffelflocken (1)	Jahr	Kartoffelstärkemehl (2)
1936/37	17,50 (3)	1937	29,30
1937/38	18,80 (4)	1938	31,35
1938/39	19,00	1939	31,40
1939/40	20,00	1940	31,32
1940/41	20,00	1941	30,90
1941/42	20,00	1942	33,81
1942/43	29,00	1943	42,55
1943/44	29,00	1944	42,55
1944/45	29,00		

(1) Erzeugerpreis ab Verladestation.
(2) Grosshandelspreis Berlin. Jahresdurchschnittspreis.
(3) Höchstpreis.
(4) Mittlerer Preis der Verkaufsperiode. Ab 1938/39 bestand keine jahreszeitliche Preisstaffelung mehr.
Quelle: Wirtschaft und Statistik.

Übersicht 19: Die deutsche Kartoffelbilanz 1931/32 bis 1943/44

Vorgang	Reichsgebiet von 1937				Reichsgebiet vom 1.9.1939					
	⌀ 31/32 -35/36	1936/ 37	1937/ 38	1938/ 39	1938/ 39	1939/ 40	1940/ 41	941/ 42	1942/ 43	1943/ 44
Aufkommen:				Mill. t						
Ernte	42,4	46,3	55,3	50,9	56,0	56,3	57,4	47,7	54,4	42,5
Einfuhrüberschuss	0,0	0,1	0,1	0,1	0,1	0,5	0,2	1,3	2,4	2,2
Verfügbare Menge	42,4	46,4	55,4	51,0	56,1	56,8	57,6	49,0	56,8	44,7
Verwendung:										
Pflanzgut	6,2	6,4	6,4	6,4	7,0	6,9	6,8	6,8	7,0	6,8
Schwund	3,4	3,7	4,4	4,4	4,8	6,6	5,7	4,8	4,4	3,4
Menschl. Verzehr	12,4	13,0	13,0	13,0	14,0	16,0	19,4	21,3	26,3(1)	22,5
Verfütterung	17,1	19,9	25,7	22,3	25,3	23,1	21,6	13,4	15,3	11,0
Techn. Verarbeitung	3,3	3,4	5,9	4,9	5,0	4,2	4,1	2,7	3,8	1,0
davon in:										
Brennereien	1,9	2,0	2,3	2,3	2,4	2,0	1,9	1,0	1,1	0,4
Stärkefabriken	0,7	0,7	1,9	1,6	1,7	1,5	1,3	1,1	1,5	0,4
Flockenfabriken	0,7	0,7	1,7	1,0	1,0	0,7	0,9	0,6	1,2	0,2
				Verfügbare Menge = 100						
Pflanzgut und Schwund	22,6	21,8	19,5	21,2	21,0	23,8	21,7	23,7	20,1	22,8
Menschl. Verzehr	29,2	28,0	23,5	25,5	25,0	28,2	33,7	43,5	46,3	50,3
Verfütterung	40,3	42,9	46,4	43,7	45,1	40,7	37,5	27,3	26,9	24,6
Techn. Verarbeitung	7,8	7,3	10,6	9,6	8,9	7,4	7,1	5,5	6,7	2,2

(1) Wahrscheinlich sind erhebliche Mengen von Speisekartoffeln für die Kleintierhaltung verwendet worden.

Quelle: Statistik des Deutschen Reichs, Bd. 536. - H. v. d. Decken, Entwicklung der Selbstversorgung Deutschlands mit landwirtschaftlichen Erzeugnissen. Berlin 1938. - Die deutsche Ernährungslage, Denkschrift der Akademie für Landesforschung und Reichsplanung (nicht veröffentlicht). - Statistisches Handbuch von Deutschland, bearbeitet im Ministerial Collecting Center. - Angaben der Hauptvereinigung der deutschen Kartoffelwirtschaft (unveröffentlicht). - Schaubilder zur deutschen und europäischen Ernährungswirtschaft, bearbeitet im Institut für europäische Landbauforschung und Ernährungswirtschaft.

Kriegsjahren nicht auf dieser Höhe gehalten werden, zumal auch die Kartoffelernte 1937 einen Umfang hatte, der später nicht wieder erreicht wurde. Immerhin waren die verarbeiteten Mengen bis 1942/43 stets grösser als vor 1937. Über die Erzeugung von Stärke, Kartoffelflocken und Kartoffelwalzmehl unterrichtet Übersicht 20.

Übersicht 20: Erzeugung von Kartoffelstärke und Kartoffelflocken 1933/34 bis 1943/44 in 1000 t

| Jahr | Erzeugte Kartoffelstärke | Kartoffelflocken | | | Erzeugung von Kartoffelwalzmehl |
| | | Erzeugung | Verwendung (1) | | |
			Fütterung	Herstellung von Walzmehl	
1933/34	144	101	101	.	.
1934/35	146	174	174	.	.
1935/36	108	126	126	.	.
1936/37	140	152	150	2	1,5
1937/38	364	405	272	75	56
1938/39	294	240	282	14	11
1939/40	305	200	176	26	20
1940/41	277	275	257	117	83
1941/42	201	191	61	130	98
1942/43	.	326	158	168	150
1943/44 (2)	.	50	46	8	7

(1) Unter Berücksichtigung der Vorratshaltung.
(2) Vorläufige Zahlen.

Quelle: K. Meyer, Grundlagen und Gefüge der deutschen Landwirtschaft. - Angaben der Hauptvereinigung der deutschen Kartoffelwirtschaft (unveröffentlicht). Ab 1939/40 einschl. Österreich, Sudetenland und Memelland.

bb) Die Sicherung des steigenden Speisekartoffelbedarfs im Kriege

Bei dem ausserordentlich hohen Stand der Kartoffelproduktion zu Beginn des Krieges war eine Rationierung zunächst nicht nötig. Der Bedarf, der wegen Rationierung der meisten anderen Lebensmittel grösser werden musste, konnte also ungehindert befriedigt werden. Dementsprechend stieg der Speisekartoffelverbrauch von 14 Mill. t im letzten Vorkriegsjahr auf 16 Mill. t im Jahre 1939/40 und weiter auf 19,4 Mill. t im Jahre 1940/41 (vgl. Übersicht 19 und Schaubild 7). Zur Sicherstellung dieser Mengen wurden den einzelnen landwirtschaftlichen Betrieben Ablieferungsnormen mitgeteilt, doch bereitete die Aufbringung keine Schwierigkeiten, denn die Preise waren so festgesetzt, dass der Verkauf für Speisezwecke die weitaus günstigste Verwertungsmöglichkeit war.

Anders wurde die Lage nach dem schlechten Ausfall der Ernte 1941, die fast 10 Mill. t weniger brachte als die vorhergegangene. Der bereits rationierte Verbrauch stieg weiter auf 21,3 Mill. t und erforderte 43,5 vH der verfügbaren Kartoffelmengen gegenüber rund 25 vH vor dem Kriege. Zu seiner Aufbringung war die Einführung von Ablieferungskontingenten notwendig. Trotz günstigen Ernteausfalles trat keine stärkere Entspannung im

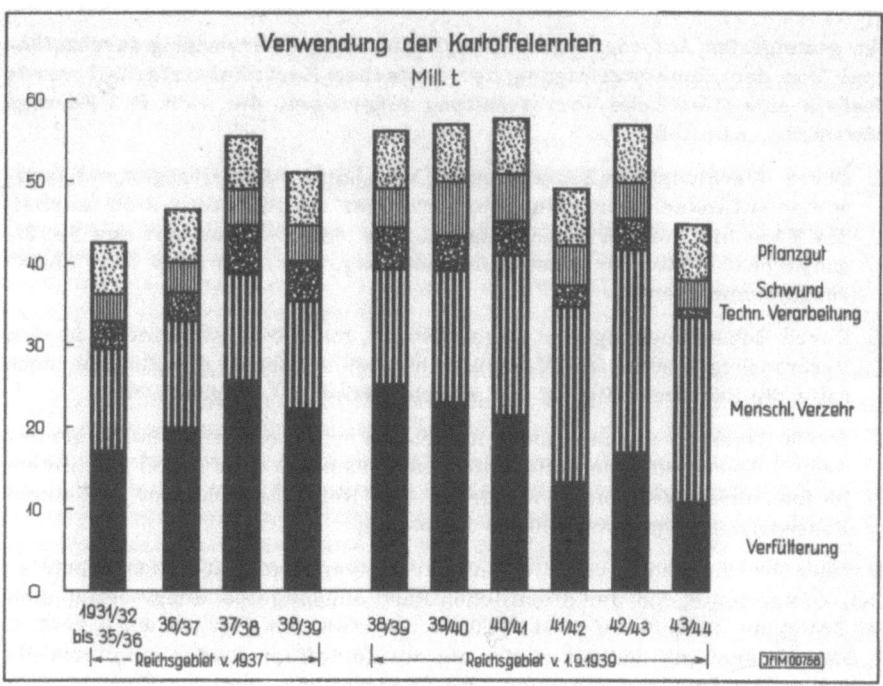

Schaubild 7

Jahre 1942/43 ein, da der Speisekartoffelverbrauch infolge schlechterer Versorgung mit Brot, Fett und Fleisch einen ausserordentlichen Umfang annahm. Mit 26,3 Mill. t war er um fast 90 vH grösser als vor dem Kriege. Auch die Verarbeitung von Kartoffeln zu Stärkemehl und Kartoffelflocken wurde zur Ergänzung der schlechten Getreideernte gesteigert. Infolgedessen mussten die Ablieferungskontingente erhöht werden.

Grosse Schwierigkeiten in der Kartoffelversorgung traten 1943/44 ein, als die Ernte infolge ungünstigen Wetters, Abnahme der verfügbaren Düngemittel und auch einer geringen Anbaueinschränkung einen Tiefstand erreicht hatte, wie er seit 1927 nicht zu verzeichnen gewesen war. Trotz merklicher Herabsetzung der Rationen, die in Anbetracht der wieder besseren Brotversorgung möglich war, war der Speisekartoffelverbrauch mit 22,5 Mill. t noch immer grösser als 1941 und beanspruchte die Hälfte der verfügbaren Kartoffelmenge. Der Ablieferungszwang musste infolgedessen sehr erheblich verschärft werden. Bei Hofbegehungen wurde für jeden einzelnen landwirtschaftlichen Betrieb das Abgabesoll festgesetzt; die Sortierungsvorschriften wurden geändert, um einen möglichst hohen Anteil von Speisekartoffeln zu gewinnen. Sogar ein Verfütterungsverbot für die zur menschlichen Ernährung geeigneten Kartoffeln wurde ausgesprochen; es löste um so grössere Schwierigkeiten aus, als die Schweinehaltung gerade erst verstärkt worden war. Die Verarbeitung von Kartoffeln zu Spiritus, Stärke und Kartoffelflocken musste auf ein Minimum beschränkt werden. Die Lage im Jahre 1944/45 war im wesentlichen die gleiche, da die Ernte 1944 nur wenig grösser war als 1943. Eine Aufgliederung des Verbrauchs ist für dieses Jahr nicht möglich.

Besondere Massnahmen bedurfte die Vorratshaltung im Kriege. Die im Frieden übliche privatwirtschaftliche Vorratshaltung genügte nicht, um unter den gesteigerten Anforderungen eine gleichmässige Versorgung durchzuführen. Von der Hauptvereinigung der deutschen Kartoffelwirtschaft wurde deshalb eine öffentliche Vorratshaltung aufgezogen, die sich in 3 Formen abwickelte, nämlich:

1. Durch Abschluss von Einlagerungs- und Lieferungsverträgen mit landwirtschaftlichen Betrieben. Der Erzeuger verpflichtete sich hierbei, die Ware bis auf Abruf einzulagern. Für den Verzicht auf das Verfügungsrecht erhielt er einen Preiszuschlag, der sich nach dem Lieferungstermin richtet.

2. Durch Bezuschussung der Lagerhaltung von Handelsbetrieben in den Verbrauchsgebieten. Die Ware blieb hierbei im Besitz des Handels, doch hatte die Hauptvereinigung das ausschliessliche Verfügungsrecht.

3. Durch Lagerhaltung in eigener Regie. Sie erfolgte in eigenen und gemieteten Kellern und behelfsmässigen Lagerräumen oder durch Einmieten. In den Jahren 1942 bis 1944 wurden vom Reich Lagerhäuser mit einem Fassungsvermögen von 400 000 t errichtet.

Weitaus überwiegend waren die Einlagerungsverträge mit Erzeugerbetrieben. Die gesamte von der öffentlichen Hand eingelagerte Menge belief sich im Erntejahr 1939/40 auf rund 330 000 t und stieg bis 1942/43 auf 1,35 Mill. t. Danach nahm sie laufend wieder ab; die Kartoffeln wurden möglichst direkt den Verbrauchern zugeführt, die Lagerhaltung also den Konsumenten überlassen. Die Kosten der öffentlichen Lagerhaltung wurden aus Reichsmitteln bestritten.

Die ausserordentliche Steigerung des Kartoffelverbrauchs für den menschlichen Verzehr ging fast ausschliesslich zu Lasten der für die Verfütterung verbleibenden Menge. Menschlicher Verzehr und Verfütterung nahmen zusammen regelmässig 70 bis 75 vH der verfügbaren Mengen in Anspruch (vgl. Übersicht 19 und Schaubild 7). In den letzten Vorkriegsjahren wurde dabei nur etwa 1/4 der Ernte als Speisekartoffeln verbraucht, und annähernd die Hälfte verblieb zur Fütterung. Im Laufe des Krieges änderte sich die Verwertung der Kartoffelernten jedoch derart, dass das Verhältnis von menschlichem Verzehr und Verfütterung genau umgekehrt wurde. Da die Kartoffel während des Krieges die wichtigste Grundlage für die Schweinefütterung war, musste der Schweinebestand der abnehmenden Futterkartoffelmenge laufend angepasst werden. Das ging in der grossen Linie auch reibungslos vonstatten. Immerhin ergaben sich aber von Ernte zu Ernte noch beträchtliche Schwankungen der je Schwein verfügbaren Kartoffelmenge. Die Kartoffelmenge je Tier des Anfang September gezählten Schweinebestandes lag zwischen 600 und 850 kg. Ein Ausgleich durch andere Kraftfuttermittel (Getreide, Zuckerschnitzel, Kartoffelflocken) war gerade im Kriege nur in engen Grenzen möglich. Es bestand daher die Gefahr, dass in Jahren mit knapper Versorgung zu viel Kartoffeln im Laufe der Herbst- und Wintermonate verfüttert wurden und im Frühjahr Schwierigkeiten in der Zufuhr von Speisekartoffeln entstanden. Um dem vorzubeugen, wurde in solchen Fällen die Spanne zwischen den Preisen für Fettschweine und für Fleischschweine ermässigt. Damit wurde der Anreiz zu stärkerer Ausmästung der Tiere genommen. Dies ist 1939 wegen des ausserordentlich grossen Schweinebestandes sowie 1941 und Anfang 1944 wegen des schlechten Ernteausfalles geschehen. Ende 1941 und Anfang 1942 wurde ausserdem aus Reichsmitteln ein Zuschlag von anfangs RM 14,--, später 12,-- für jedes zur Schlachtung kommende Schwein über 100 kg Lebendgewicht gezahlt, um eine schnelle Verminderung der Zahl der Mastschweine herbeizuführen. Im Januar 1942 war dementsprechend die Zahl der Schlachtungen relativ hoch (1).

cc) Der Versuch einer Anbauausweitung im Jahre 1942

Bei der ungewöhnlichen Bedeutung, die die Kartoffel sowohl als Nahrungswie als Futtermittel während des Krieges erlangt hatte, musste jeder Ernterückgang die Speisekartoffelversorgung stören und die Fleisch- und Fetterzeugung aufs schwerste gefährden. Das zeigte sich nach der schlechten Kartoffelernte 1941, die im wesentlichen durch die Ungunst der Witterung verursacht war. Abgesehen von wetterbedingten Ernteschwankungen musste für die Zukunft mit einem Nachlassen der Erträge gerechnet werden, weil die Versorgung mit Düngemitteln nicht mehr im alten Umfange aufrechterhalten werden konnte. Um den daraus entstehenden Schwierigkeiten vorzubeugen, wurde eine Ausweitung des Kartoffelanbaues angestrebt. Insbesondere wurde auch eine erhöhte Frühkartoffelerzeugung für nötig gehalten, weil vorauszusehen war, dass die Vorräte der schlechten Ernte 1941 vorzeitig zur Neige gehen würden.

Ab Januar 1942 wurde daher mit allen Mitteln der Propaganda die Erweiterung der Kartoffelanbaufläche gefordert (2). Zur Unterstützung dieses Appelles wurde eine Preiserhöhung für Speisekartoffeln (einschl. Frühkartoffeln) um 30 bis 34 vH und für Fabrikkartoffeln sogar um 45 vH angekündigt (vgl. Übersicht 17).

Ein wesentliches Hindernis für die Ausweitung des Kartoffelbaues war nun aber die Arbeiterfrage. Der Hackfruchtbau verlangt nicht nur einen hohen Gesamtaufwand an Arbeit, sondern verursacht eine Arbeitsspitze in der Erntezeit, sobald er einen bestimmten Anteil an der landwirtschaftlich genutzten Fläche des Betriebes überschreitet. Diese Arbeitsspitze kann rationell nur mit zeitweilig beschäftigten Aushilfskräften beseitigt werden. Stehen diese nicht zur Verfügung, so entstehen bei ungünstigem Wetter grosse Ernteverluste. Deshalb wurde gleichzeitig mit der Preiserhöhung die Bereitstellung der erforderlichen Aushilfskräfte angekündigt und später auf dem Verordnungswege geregelt (3). Danach konnten von den Arbeitsämtern geeignete Kräfte auf begrenzte Zeit zu landwirtschaftlicher Arbeit verpflichtet werden. Gedacht war dabei vor allem an Personen, die auch früher in der Landwirtschaft aushilfsweise Arbeit geleistet hatten, die aber durch die allgemeine Verbesserung der Einkommensverhältnisse nicht mehr gezwungen waren, sich durch gelegentliche Arbeit Geld zu verdienen. Die Verweigerung der Arbeit wurde mit Gefängnis und Geldstrafe bedroht. Selbstversorgern konnten ausserdem die höheren Rationen entzogen werden.

Schliesslich wurde in der Propaganda auch darauf hingewiesen, dass hochwertiges Pflanzgut in ausreichendem Masse zur Verfügung stand, insbesondere auch für frühe Sorten. Die Fläche mit anerkanntem Pflanzgut hatte 1941 189 000 ha betragen gegenüber rund 100 000 ha in den letzten Vorkriegsjahren.

---

(1) Vgl. hierzu S. 101 ff., insbesondere Schaubilder 22 und 23.
(2) Vgl. z. B. "Mitteilungen für die Landwirtschaft" 47. Jg., 1942, Nr. 5 und 6 mit Aufruf von Backe und einschlägigen Beiträgen von Blohm, Brummenbaum, Hecht u. a.
(3) Verordnung über den Einsatz zusätzlicher Arbeitskräfte für die Ernährungssicherung des deutschen Volkes vom 7. 3. 1942.

Das einzige sichtbare Ergebnis dieser Massnahmen war eine Steigerung des Frühkartoffelanbaues um 50 000 ha im Jahre 1942 und weitere 40 000 ha im Jahre 1943, das sind zusammen 67 vH über den Anbau von 1941 hinaus (vgl. Übersicht 15 und Schaubild 8).

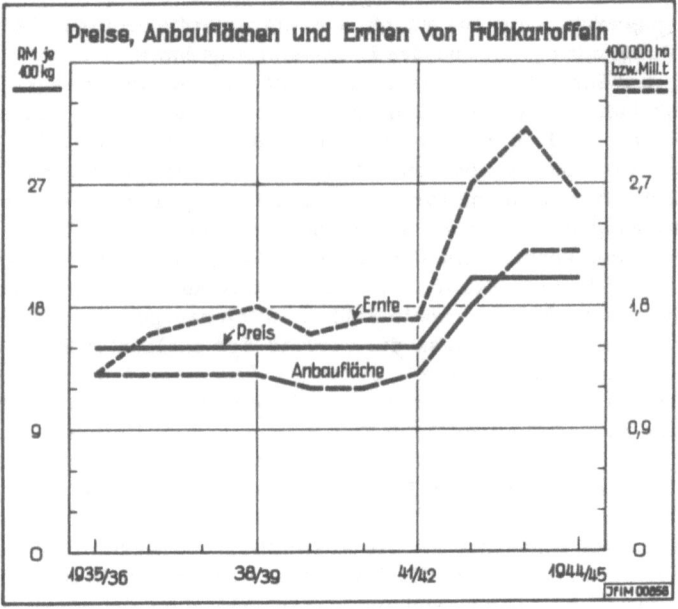

Schaubild 8

Dagegen änderte sich der Spätkartoffelanbau 1942 nicht nennenswert und ging 1943 sogar um rund 150 000 ha zurück. Diese Erfolglosigkeit war offenbar durch die allgemeinen Erschwernisse für die Betriebsführung, insbesondere bei der Beschaffung von zusätzlichen Arbeitskräften bedingt. Die verbesserte Finanzlage der Landwirtschaft dürfte auch das Gewinnstreben und damit die Wirksamkeit der Preiserhöhung weitgehend vermindert haben. Es bleibt allerdings offen, ob nicht ein starker Rückgang des Kartoffelanbaues durch die getroffenen Massnahmen verhindert worden ist. Auf alle Fälle hat aber die Preiserhöhung die Aufbringung steigender Speisekartoffelmengen erleichtert, also in Richtung der angestrebten Verwertungsänderung gewirkt. Diese Wirkung war allerdings bei der Planung der Massnahmen höchstens als Nebenziel ins Auge gefasst worden.

3. Zuckerrüben und Zucker

a) Die Zuckerpreispolitik bis 1933 und ihre Auswirkungen auf Erzeugung und Verbrauch

Deutschland war, nachdem die Schäden des Ersten Weltkrieges einigermassen behoben waren, wieder wie vorher ein Zuckerausfuhrland geworden.

Die deutschen Zuckerfabriken hatten sich seit 1926 zu einer Ausfuhrvereinigung zusammengeschlossen, um die Zuckermengen, die den Bedarf des zollgeschützten Inlandmarktes überstiegen, auf dem Weltmarkt abzustossen. Als ab 1927 der Weltmarktpreis für Zucker infolge Ausweitung der Rohrzuckerproduktion zunehmend verfiel, gelang es der deutschen Zuckerindustrie auf diese Weise, unterstützt durch starke Zollerhöhungen, den Inlandpreis vom Weltmarktpreis zu lösen und ihn auf ungefähr RM 40,- je 100 kg (unversteuert) zu halten (vgl. Übersicht 21 und Schaubild 9).

Übersicht 21: Preise für Zucker und Zuckerrüben 1913 und 1925-1944

Jahr	Weltmarktpreis f. Zucker(1) RM/100 kg	Grosshandelspreis f. Zucker(2) RM/100 kg	Einzelhandelspreis f. Zucker(3) Rpf/kg	Zuckerrübenpreis (4)		
				bei Lieferung innerhalb/ausserhalb des Kontingents (ab 1931) RM/100 kg		ungefährer Durchschnittspreis RM/100 kg
1913	20,00	23,60	46,5	2,46 (5)		.
1925	.	37,58	71	3,33		.
1926	23,14	35,96	67	3,37		.
1927	26,85	43,88	72	3,44		.
1928	22,78	40,74	62	3,08		.
1929	18,61	40,24	62	3,10		.
1930	14,07	40,66	63	2,32		.
1931	12,41	41,56	69	2,91		2,75
1932	8,61	41,64	75	3,49		3,25
1933	8,89	41,82	76	3,88	2,00-2,20	3,75
1934	9,35	41,80	77	3,56		3,45
1935	12,87	41,86	77	3,56	2,20-2,50	3,45
1936	14,82	41,68	77	3,54	2,00-2,20	. (6)
1937	13,98	42,06	77	3,27	2,00-2,10	.
1938	11,20	41,86	77	3,29		.
1939	10,46	41,82	77	3,24	etwa 3,20	.
1940	10,37	41,92	76	3,51		.
1941	.	41,92	76	3,47		.
1942	.	41,92	76	3,50 (7)		.
1943	.	41,92	76	3,50 (7)		.
1944	.	41,94	76	3,50 (7)		.

(1) Cuba 96° centr. New York, unverzollt.
(2) Melis, prompt, Magdeburg, unversteuert. Die Steuer betrug 1913: 14 M, 1925 bis August 1927: 21 RM, August 1927 bis Juni 1931: 10,50 RM, ab Juni 1931: 21 RM je 100 kg Zucker.
(3) Gemahlener Haushaltszucker (Melis), gewogener Durchschnitt von 72 Gemeinden.
(4) Erzeugerpreis ab Verladestation im Reichsdurchschnitt.
(5) 1912 bis 1914.
(6) Ab 1936 war die Anlieferung von Rüben ausserhalb des Kontingents ohne praktische Bedeutung.
(7) Geschätzter Durchschnittspreis.

Quelle: Statistisches Jahrbuch für das Deutsche Reich. - Vierteljahreshefte zur Statistik des Deutschen Reichs. - Wirtschaft und Statistik.

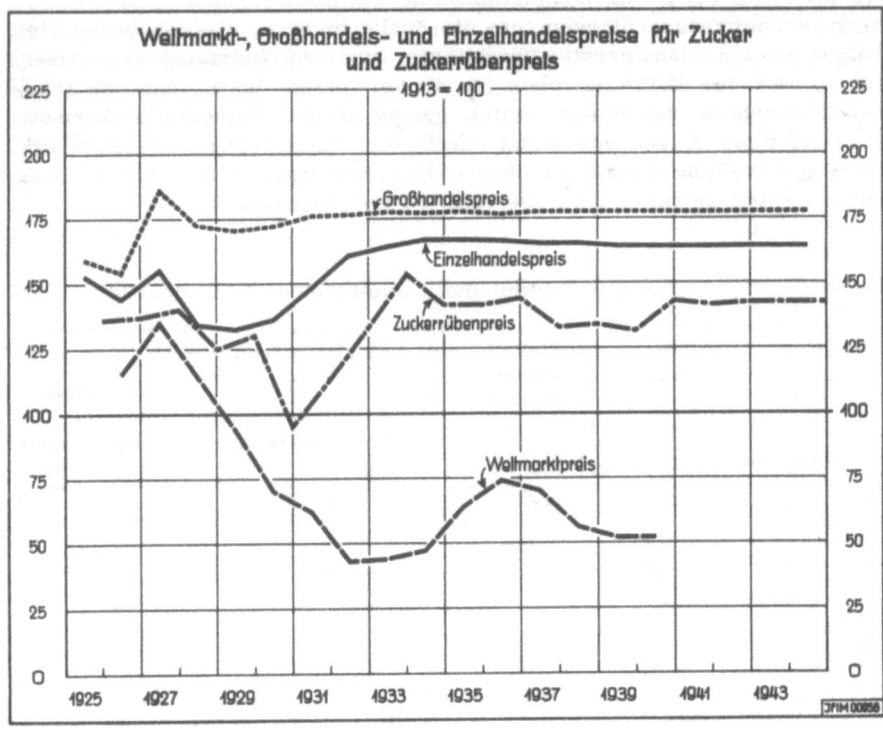

Schaubild 9

Der Sturz der Weltmarktpreise, der sich 1928 bis 1930 vollzog, machte jedoch die Ausfuhr zu einem derartigen Verlustgeschäft, dass es 1930 zu einem Zusammenbruch der Rübenpreise kam.

Auf der anderen Seite war der Inlandsverbrauch durch das Hochhalten des Zuckerpreises und durch eine Verbrauchssteuer stark gehemmt. Die Zuckersteuer - es handelt sich dabei um eine reine Finanzsteuer - war zwar im August 1927 von RM 21,-- je 100 kg auf die Hälfte ermässigt worden, nahm aber immer noch etwa 17 vH des Verbraucherpreises in Anspruch. Sie brachte dem Reich eine Jahreseinnahme von rund 160 Mill. RM (1929/30). Das Interesse an dem sicheren Eingang dieser Steuer trug dazu bei, dass der Staat den Zusammenschluss der Zuckerindustrie gesetzlich fundierte und zu weiteren einschneidenden Massnahmen auf dem Gebiete der Zuckererzeugung und des Zuckerabsatzes ermächtigte.

Um die Erzeugung den Absatzmöglichkeiten im Inland anzupassen und damit die Verlustausfuhr zu beseitigen, wurde ab 1931 eine Kontingentierung der Zucker- und Rübenproduktion durchgeführt. In den Jahren 1931 bis 1933 wurde der Anbau soweit gedrosselt, dass auch die Unterbringung der in den Fabriken infolge der Absatzschwierigkeiten auf dem Weltmarkt aufgelaufenen Bestände gesichert war (vgl. Übersicht 22). Auf diese Weise war es möglich, dass der Verbraucherpreis für Zucker während der Deflationskrise nicht nur unverändert hoch gehalten, sondern durch Verdoppelung der Zuckersteuer ab Juni 1931 noch erheblich erhöht wurde. Die Folge war, dass der Zuckerverbrauch, der seit 1924 mit wachsender Kaufkraft und vor allem durch die Steuerermässigung von 1927 erheblich gestiegen war, um etwa 15 vH zurückging, während bei den anderen Nahrungsmitteln durch mehr oder weniger weitgehende Anpassung der Preise an die Kaufkraftschrumpfung eine stärkere Verbrauchsschrumpfung verhindert wurde (vgl. Übersicht 23 und Schaubild 10).

Übersicht 22: Erzeugung, Verbrauch, Ausfuhr und Bestände an Zucker 1926/27 - 1934/35 (1 000 t Verbrauchszuckerwert)

Wirtschaftsjahr 1.9. - 31.8.	Zuckererzeugung (1)	Gegen Steuer zum inländ. Verbrauch in Verkehr gebrachter Zucker aus inländischer Erzeugung	Steuerfrei abgegebener Zucker (2)	Zuckerbestände am Ende des Wirtschaftsjahres
1926/27	1.497	1.290	185	225
1927/28	1.507	1.416	138	206
1928/29	1.677	1.466	197	209
1929/30	1.786	1.460	235	276
1930/31	2.293	2.474	389	663
1931/32	1.437	1.290	107	666
1932/33	980	1.298	13	307
1933/34	1.285	1.338	4	229
1934/35	1.505	1.376	1	330

(1) Differenzen zwischen Erzeugung einerseits sowie Verwertung und Bestandsveränderung andererseits erklären sich durch Vergällung von Zuckermengen, die dann unversteuert als Futtermittel abgegeben wurden.
(2) Ausgeführte sowie auf Niederlagen, in Freibezirke und Freihäfen gebrachte Mengen.
Quelle: Statistisches Jahrbuch für das Deutsche Reich.

Übersicht 23: Zuckerverbrauch pro Kopf der Bevölkerung 1913/14 und 1923/24 bis 1944/45 (kg Verbrauchszuckerwert)

Jahr	Zuckerverbrauch	Jahr	Zuckerverbrauch
1913/14	18,99	1934/35	21,21
1923/24	13,32	1935/36	22,29
1924/25	20,21	1936/37	24,02
1925/26	20,51	1937/38	24,03
1926/27	21,70	1938/39	28,39 (1)
1927/28	23,02	1939/40	25,71
1928/29	23,86	1940/41	26,54
1929/30	23,22	1941/42	
1930/31	23,11	1942/43	25,0
1931/32	20,12	1943/44	bis
1932/33	20,19	1944/45	27,0 (2)
1933/34	20,73		

(1) Der Verbrauch dürfte durch Anlage von Vorräten im Einzelhandel und in den Haushaltungen überhöht erscheinen.
(2) Schätzung.
Quelle: Statistisches Jahrbuch für das Deutsche Reich.

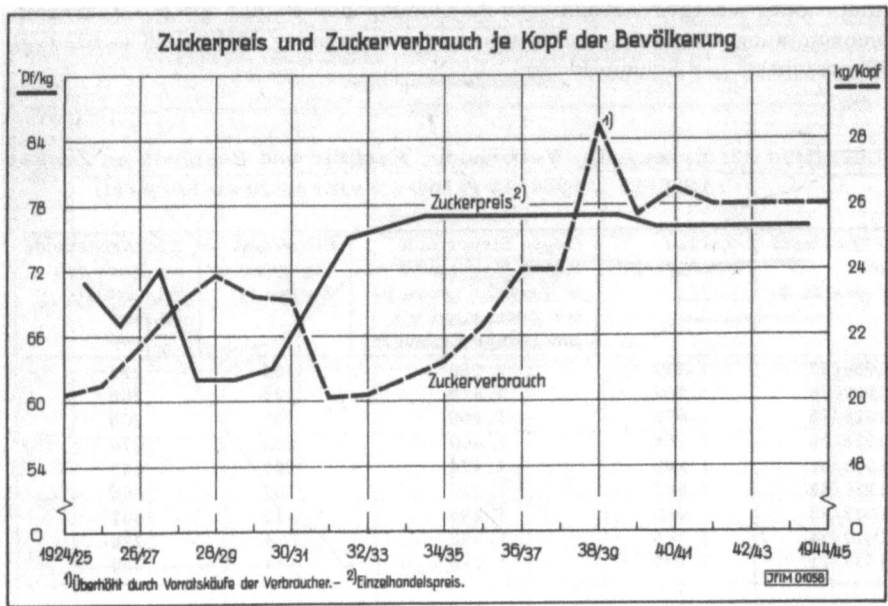

Schaubild 10

b) Die Zuckerpreispolitik nach 1933 und ihre Auswirkungen auf die Ernährungs- und Futterwirtschaft im Kriege

Die Zuckerpreispolitik von 1931, vor allem die hohe Zuckersteuer mit ihrer den Verbrauch einengenden Wirkung, wurde auch nach 1933 beibehalten. Der Zuckerverbrauch stieg zwar mit der Erhöhung der Kaufkraft in den Jahren 1934 bis 1938 wieder auf die Höhe von 1928/29 (24 kg je Kopf), doch darf mit Sicherheit angenommen werden, dass der Zucker bei entsprechender Preisgestaltung einen erheblich höheren Anteil an der Ernährung erlangt hätte. Trotz der Autarkiepolitik wurde die einzigartige Ernährungsleistung (1) des Zuckerrübenbaues also nicht voll ausgenützt.

Marmeladenverbilligung durch Subventionen

Ab 1935 wurde versucht, durch die Herstellung verbilligter Marmelade den Zuckerverbrauch zugunsten der Einsparung von Fett zu steigern. Bei der Überhöhung des Zuckerpreises war die Marmelade im Verhältnis zum Fett zu teuer. Um einen Anreiz zur Verwendung von Marmelade anstelle fetthaltiger Brotaufstrichmittel zu geben, wurde daher ab 1935 der überwiegende Teil der Marmelade durch öffentliche Mittel verbilligt hergestellt. Zur Aufbringung der Zuschüsse wurde zeitweise auch die Zuckerindustrie herangezogen. Auf diese Weise wurde eine Steigerung des Marmeladenverbrauchs von 52 100 t im Jahre 1935 auf 160 000 t im Jahre 1939 erreicht.

---

(1) Der Ertrag von 40 dz Zucker, der von einem Hektar Zuckerrüben gewonnen wird, stellt das Vierfache an Nährwerten dar, wie die 20 dz Weizen, die von der gleichen Fläche bei Getreidebau erzielt werden. Überdies fallen beim Zuckerrübenbau Rübenblätter und -köpfe sowie Schnitzel und Melasse an, die an Futterwert etwa einer vollen Rotklee-Ernte entsprechen.

Ausnutzung der Zuckerrübenproduktion zur Auffüllung der Futterlücke

Im Rahmen der Getreidevorratspolitik wurde ab 1936 die Produktion von Zuckerschnitzeln zur Streckung des Futtergetreides in grossem Umfange betrieben. Die Zuckerfabriken wurden verpflichtet, einen bestimmten Anteil ihres Verarbeitungskontingentes zur Herstellung von Zuckerschnitzeln zu verwenden. Der Anfall von Zuckerschnitzeln stieg dadurch auf über 600 000 t jährlich und wurde auch im Durchschnitt der Kriegsjahre auf dieser Höhe gehalten (vgl. Übersicht 24). Da der Preis für die Zuckerschnitzel niedrig gehalten werden musste, wenn sie als Ersatz für Futtergetreide aufgenommen werden sollten, war die Rübentrocknung weniger wirtschaftlich als die Zuckerherstellung. Die Verpflichtung der Zuckerfabriken zur Herstellung von Zuckerschnitzeln führte infolgedessen ab 1937 zu einer Ermässigung des Rübenpreises, der aber trotzdem im Verhältnis zu den anderen Agrarerzeugnissen noch günstig blieb (vgl. Übersicht 21).

Die Anbauerweiterung, die zur Deckung des steigenden Zuckerverbrauchs und zur Steigerung der Zuckerschnitzelproduktion nötig war, wurde bis 1935 durch Heraufsetzung des jährlich festgesetzten Ausnutzungsrechtes der 1931 ausgegebenen Rübenlieferungskontingente erreicht. Sie erfolgte also ausschliesslich in Betrieben, die schon mindestens seit 1930 Zuckerrüben anbauten. 1936 wurden erstmalig neue Lieferrechte an Betriebe ausgegeben, die bis dahin noch keine Zuckerrüben angebaut hatten. Ihre Aufnahme erfolgte ohne jede Schwierigkeit, da ja das Bestreben zur Anbauerweiterung an sich vorhanden und nur durch die Kontingentierung unterdrückt war. 1938 wurde die Anbaufläche von 1930, die die grösste vor der Einführung der Kontingentierung im Jahre 1931 war, wieder erreicht und überschritten (vgl. Übersicht 25). 1938 wurden über 500 000 ha Zuckerrüben angebaut gegenüber rund 480 000 ha im Jahre 1930 und rund 270 000 ha nach der starken Anbaueinschränkung im Jahre 1932.

Stützung des Zuckerrübenbaues im Kriege

Im Kriege war eine weitere Ausdehnung des Zuckerrübenbaues wegen seines grossen Nährwertertrages natürlich besonders erstrebenswert. Als Anreiz wurde den Rübenanbauern deshalb ein Preis von 3,20 bis 3,60 RM je 100 kg Zuckerrüben garantiert. Zuckerfabriken, die diesen Mindestpreis nicht herauswirtschaften konnten, wurden durch staatliche Zuschüsse unterstützt. Weiter wurden an alle Fabriken Zuschüsse für die Herstellung von Zuckerschnitzeln gezahlt. Für die Anbauausweitung oder Neuaufnahme des Anbaues wurde ausserdem eine Naturalprämie von 10, später 12 kg Zucker je ha gewährt, eine weitere Prämie von 3 kg (ab 1943 4 kg) Zucker je 100 dz abgelieferter Rüben sollte den Betrieben die Beschaffung von Arbeitskräften erleichtern. Tatsächlich wurde eine beachtliche Steigerung der Anbaufläche erreicht, die bis 1942 anhielt (vgl. Übersicht 25). Damit wurde eine Zuckerversorgung im Kriege ermöglicht, die mit jährlich 25 bis 27 kg pro Kopf der Bevölkerung grösser war als der Vorkriegsverbrauch von 24 kg (vgl. Übersicht 23). Die Zucker- und Marmeladenration der Normalverbraucher entsprach in den Jahren 1940 bis 1944 etwa 16 kg Zucker pro Kopf und Jahr.

Die Widersprüche der seit 1933 verfolgten Zuckerpreispolitik liegen auf der Hand. Einerseits wurde die Ausweitung des Zuckerverbrauchs mit ihren günstigen Wirkungen auf die Intensivierung der Landwirtschaft überhaupt und auf die Futterwirtschaft und die Milchproduktion im besonderen durch Besteuerung und Kontingentierung eingeengt. Andererseits wurden öffentliche Mittel zur Steigerung des Zuckerkonsums eingesetzt (Marmelade-Verbilligung). Für die Erweiterung des Zuckerrübenanbaues, die in den

Übersicht 24: Zuckerrübenverarbeitung und Zuckerverbrauch 1933/34 und 1936/37 - 1943/44

Vorgang	Einheit	Altes Reichsgebiet				Reichsgebiet vom 1.9.1939						
		1933/34	1936/37	1937/38	1938/39	1938/39	1939/40	1940/41	1941/42	1942/43(2)	1943/44
Verarbeitete Zuckerrüben	Mill. t	8,6	12,1	16,1	15,1	16,6	18,3	17,1	16,7	17,1	14,8
davon verarbeitet:											
zu Zucker	Mill. t	8,3	10,6	13,7	13,0	14,0	16,3	14,5	13,1	15,0	12,7
	vH	96,5	87,6	85,1	82,8	84,3	89,1	84,8	78,4	87,7	85,8
zu Zuckerschnitzeln	Mill. t	0,3	1,5	2,4	2,6	2,6	2,0	2,6	3,6	2,1	2,1
	vH	3,5	12,4	14,9	17,2	15,7	10,9	15,2	21,6	12,3	14,2
Erzeugte Zuckermenge	Mill. t	1,3	1,6	2,0	1,7	1,9	2,1	2,1	1,8	2,0	1,7
Inlandszuckerverbrauch	Mill. t	1,5	1,7	1,7	2,1(1)	.	2,1	2,1	2,0	2,2	2,2
Erzeugung zuckerhaltiger Futtermittel:											
Vollwertige Zuckerschnitzel	Mill. t	0,08	0,40	0,62	0,63	0,63	0,46	0,68	0,92	0,55	0,60
Steffen-Schnitzel (3)	Mill. t	0,09	0,10	0,13	0,14	0,14	0,13	0,16	0,14	0,14	0,13

(1) Der Verbrauch dürfte durch Anlage von Vorräten im Einzelhandel und in den Haushaltungen überhöht erscheinen.
(2) Zum Teil geschätzte Zahlen.
(3) Auch andere Schnitzel mit 28 vH Zuckergehalt.

Quelle: K. Meyer, Gefüge und Ordnung der deutschen Landwirtschaft. - Angaben der Hauptvereinigung der deutschen Zuckerwirtschaft (unveröffentlicht). - Statistisches Handbuch von Deutschland. - Schaubilder zur deutschen und europäischen Ernährungswirtschaft.

Übersicht 25: Anbauflächen, Erträge und Ernten von Zuckerrüben 1925-1944
(Reichsgebiet von 1937)

Jahr	Anbaufläche 1 000 ha	Ertrag dz je ha	Ernte Mill. t	Jahr	Anbaufläche 1 000 ha	Ertrag dz je ha	Ernte Mill. t
1925	403	256	10,3	1935	373	284	10,6
1926	403	261	10,5	1936	389	311	12,1
1927	434	250	10,9	1937	455	345	15,7
1928	454	242	11,0	1938	502	310	15,5
1929	455	244	11,1	1939	503	333	16,8
1930	483	309	14,9	1940	537	307	16,5
1931	381	290	11,0	1941	544	296	16,1
1932	271	291	7,9	1942	547	300	16,4
1933	304	282	8,6	1943	544	269	14,6
1934	356	292	10,4	1944	543	252	13,7

Quelle: Statistik des Deutschen Reichs, Bd. 536. - Statistisches Handbuch von Deutschland.

Vorkriegsjahren durch eine entsprechende Preispolitik (Senkung der Verbraucherpreise durch Abschaffung der Zuckersteuer) viel wirksamer hätte erreicht werden können, wurden im Kriege weitere Mittel aufgewendet. Von der Zuckersteuer, die im Durchschnitt der letzten Vorkriegsjahre rund 350 Mill. RM einbrachte, wurden allein etwa 70 Mill. RM jährlich für diese Zwecke verwendet. Darüber hinaus wurden ab 1938 jährlich etwa 450 Mill. RM zur Verbilligung von Milch und Butter ausgegeben und damit der Verbrauch von Fett, das in gewissem Umfange durch Zucker zu ersetzen gewesen wäre, auf einer Höhe gehalten, die im Sinne der nationalsozialistischen Autarkiepolitik durchaus unerwünscht war. Diese Unbeweglichkeit in der Preispolitik, das starre Festhalten an den bestehenden Preisverhältnissen, insbesondere soweit sie die Lebenshaltungskosten betrafen, war durch die allgemeine Preis- und Finanzpolitik bedingt. Vor 1936, als diese Preispolitik noch nicht verfolgt wurde, konnte im Hinblick auf die angespannte Finanzlage des Reichs nicht auf die Zuckersteuer verzichtet werden.

4. Gemüse und Obst

a) Die Preis- und Marktregelung

Das Festpreissystem, wie es für die meisten Agrarerzeugnisse herausgebildet wurde, konnte bei Gemüse und Obst im allgemeinen nicht eingeführt werden. Es setzt voraus, dass das Erzeugnis lagerfähig ist oder sich durch Verarbeitung in ein lagerfähiges Produkt umwandeln lässt. Lagerfähig sind aber nur wenige Gartenbauerzeugnisse, so z. B. Äpfel, Zwiebeln und in beschränktem Umfange Kopfkohl. Die meisten Obst- und Gemüsearten sind dagegen ausserordentlich leicht verderblich. Die Kühllagerung ist aus wirtschaftlichen und auch aus technischen Gründen bisher noch nicht geeignet, grössere Mengen über längere Zeit lagerfähig zu machen, und die Verarbeitung zu Konserven spielt in Deutschland mengenmässig keine bedeutende Rolle. Zudem ist die Konservenindustrie in der Regel auf bestimmte Gemüsearten angewiesen, die sie nur in frischem Zustand verarbeiten kann und die speziell für diesen Zweck angebaut werden. Sie ist also nur in sehr beschränktem Umfange in der Lage, Überernten aus dem Markt zu nehmen und haltbar zu machen.

Die wichtigste Voraussetzung für das Festpreissystem, nämlich die Herstellung eines gleichmässigen Angebots, war also bei Gemüse und Obst - von wenigen Ausnahmen abgesehen - nicht ohne weiteres zu erreichen. Daneben weist auch die Nachfrage Schwankungen auf, die allerdings nur von zweitrangiger Bedeutung sind; zum Teil sind sie jahreszeitlich, zum Teil aber auch wetterbedingt, also aussererdentlich kurzfristig und nicht vorauszusehen. Man musste sich also deshalb darauf beschränken, für eine möglichst schnelle und gleichmässige Verteilung des Angebots über das ganze Reichsgebiet zu sorgen, um auf diese Weise eine ausgeglichene Preisentwicklung zu erreichen. Im übrigen musste man die Preisbildung weitgehend dem Markt überlassen. Erst ab 1939 wurden Höchstpreise nach einheitlichen Gesichtspunkten festgesetzt. Aber auch hierfür musste ein Verfahren gewählt werden, das eine schnelle Anpassung an die örtlich und zeitlich stark wechselnde Marktlage ermöglichte. Zu diesem Zwecke wurde für jedes Jahr der saisonmässige Verlauf der Höchstpreise in Form von Kurven festgelegt. Diese Preiskurven dienten den örtlichen Preisbildungsstellen als Richtlinie für die Festsetzung von Höchstpreisen für jeweils kurze Perioden. Den Preisbildungsstellen wurde dabei eine gewisse Bewegungsfreiheit zugestanden, innerhalb derer sie die Preise den örtlichen und zeitlichen Verhältnissen anpassen konnten. Die Preiskurven fussten auf den frei gebildeten Preisen in früheren Jahren, insbesondere auf denen vom Jahre 1937, in dem Angebot und Nachfrage weitgehend ausgeglichen waren.

Die Ordnung des Marktwesens musste also bei Gemüse und Obst in erster Linie darauf gerichtet sein, einen übersichtlichen Marktverlauf herbeizuführen, der einen schnellen und sicheren regionalen Ausgleich und damit eine ruhige und ausgeglichene Preisbildung ermöglichte. Hierzu war vor allem die Zusammenfassung des Angebotes der zahlreichen, zum Teil sehr kleinen Erzeugerbetriebe und die Standardisierung der Ware notwendig. Das zersplitterte und unübersichtliche Angebot hatte dem deutschen Obst- und Gemüsebau besonders in der Deflationskrise grosse Nachteile gebracht und die Uneinheitlichkeit der deutschen Ware hatte deren Stellung gegenüber dem einheitlich aufbereiteten Auslandsangebot stark geschwächt. Von der Anfang 1935 gegründeten Hauptvereinigung der deutschen Gartenbauwirtschaft wurden deshalb in den wichtigen Anbaugebieten Bezirksabgabestellen errichtet, an die sämtliche über den Grosshandel in den Verkehr gelangenden Gartenbauerzeugnisse abzuliefern waren. Der Ablieferungspflicht des Erzeugers stand die Annahmepflicht der Bezirksabgabestelle gegenüber. Die Anlieferung erfolgte in der Regel über besondere Ortssammelstellen. Von den Bezirksabgabestellen wurde die Ware - soweit dies nicht durch die Erzeuger selbst geschah - nach einheitlichen Vorschriften sortiert, verpackt und gekennzeichnet sowie schliesslich an den Versandhandel abgesetzt. Diese Aufgaben führten die Bezirksabgabestellen treuhänderisch für Rechnung der Erzeuger, jedoch unter eigener Verantwortlichkeit durch. Eigene Geschäfte mit den von ihnen bewirtschafteten Gartenbauerzeugnissen waren ihnen untersagt. Das System der Sammel- und Abgabestellen ersetzte somit den Aufkaufhandel, nahm den Erzeugern zum Teil die Arbeit der Warenaufbereitung ab und ermöglichte ein planmässiges geschlos-

senes Angebot an den Handel. Die Unkosten beliefen sich vor dem Kriege auf etwa 4 bis 5 vH des Erzeugererlöses. Als Abgabestellen und Ortssammelstellen wurden in der Regel bestehende Absatzeinrichtungen wie Absatzgenossenschaften und Handelsbetriebe herangezogen und verpflichtet.
Nicht weniger wichtig als die Zusammenfassung des Angebots war die Standardisierung. Zu ihrer Durchführung waren umfangreiche Vorarbeiten zu leisten. So war vor allem die Beseitigung des herrschenden Sortenwirrwarrs notwendig. Von der Sortenregisterstelle des Reichsnährstandes wurden für die einzelnen Gemüsearten nach und nach die vorhandenen Sorten registriert und einer Prüfung unterzogen. Die bestgeeigneten Sorten wurden in Reichssortenlisten aufgenommen, und die Saatzuchtbetriebe wurden verpflichtet, nur Samen der in den Listen aufgeführten Sorten in den Verkehr zu bringen. Für wertvolle Neuzüchtungen wurden Prämien ausgesetzt.
Das Hauptziel der Marktordnung für Gemüse und Obst, die Schaffung der Voraussetzungen für einen schnellen und reibungslosen regionalen Ausgleich des Angebotes, wurde ermöglicht durch tägliche Meldungen der Bezirksabgabestellen an die Wirtschaftsverbände über Anlieferungen, erzielte Preise, etwaige Überstände, voraussichtliche Anlieferungen und den voraussichtlichen Bedarf. Dazu kamen Berichte über den Marktverlauf und die Preisentwicklung an den wichtigen Grossmärkten. Alle Meldungen wurden bei der Hauptvereinigung der deutschen Gartenbauwirtschaft zusammengefasst und den Wirtschaftsverbänden, Bezirksabgabestellen und Grosshändlern zugestellt. Der Versandhandel konnte hiernach disponieren. Die Organe der Marktordnung waren dabei im allgemeinen nur beratend tätig und griffen lediglich in dringenden Fällen durch Anweisungen ein.
Weitere Mittel der Marktregulierung waren die Regelung des Anbaus, die Förderung von Anbauverträgen mit der Verarbeitungsindustrie und die Verbrauchsförderung zur Unterbringung von zeitweisen Überangeboten einzelner Erzeugnisse. Um regulierend in die Anbauplanung eingreifen zu können, war die Hauptvereinigung ermächtigt, die Neuaufnahme oder Erweiterung bestimmter Kulturen von ihrer Genehmigung abhängig zu machen. Auf diesem Wege wurde vor allem die Herausbildung von geschlossenen Anbaugebieten für wichtige Gemüsearten angestrebt, um den Absatz und Transport zu erleichtern. Im übrigen konnte mit Hilfe der Anbaugenehmigungspflicht eine konjunkturmässig übersteigerte Produktion verhindert werden. Durch die Förderung und einheitliche Gestaltung der Anbau- und Lieferungsverträge, die die Konservenindustrie und sonstige Verarbeitungsbetriebe wie Sauerkrautfabriken, Gurkeneinlegereien und dergl. mit einzelnen Gemüseerzeugern oder mit den Bezirksabgabestellen abschlossen, wurde der Absatz für einen Teil der Produkte von vornherein gesichert und damit der Markt entlastet. Für die im Rahmen der Anbauverträge zu liefernden Gemüsemengen wurden übrigens einheitliche Festpreise gesetzt. Zur Unterbringung von Angebotsspitzen, die zeitweise durch besonders reiche Ernten an einzelnen Obst- und Gemüsearten auftraten, wurden von den Organen der Marktordnung grössere Werbeaktionen durchgeführt. Insbesondere durch Einflussnahme auf die Grossverbraucher (Wehrmacht, Reichsarbeitsdienst, Werkküchen usw.) wurde häufig eine fühlbare Entlastung des Marktes erreicht.
Die Regelung der Einfuhr erfolgte durch die Ende 1936 gegründete Reichsstelle für Garten- und Weinbauerzeugnisse. Wie auch bei den anderen Reichsstellen war die preismässige Einschleusung der Einfuhr eine ihrer Hauptaufgaben. Weiter sorgte sie u.a. dafür, dass die Einfuhr z. Zt. des Hauptanfalls der deutschen Ernte vom Markt ferngehalten wurde, was jedoch mit Rücksicht auf die handelspolitischen Notwendigkeiten und Bindungen nur in

begrenztem Umfange möglich war. Im Gegensatz zu anderen Reichsstellen führte die Reichsstelle für Gartenbauerzeugnisse keine Importe in eigener Regie durch, sondern beschränkte sich auf die Steuerung der durch den privaten Einfuhrhandel getätigten Einfuhren. Durch Auflagen an die Importeure, die Waren in bestimmten Gebieten abzusetzen, war die räumliche Lenkung der Einfuhr möglich. Auf dem Gebiet des inneren Marktausgleichs war die Reichsstelle Trägerin der öffentlichen Vorratshaltung, die allerdings bei Gartenbauerzeugnissen nur beschränkt durchführbar ist.

b) Preisentwicklung und Versorgung im Kriege

Mit der Rationierung und der im Laufe des Krieges fortschreitenden Verknappung der meisten Lebensmittel wurde das Gemüse zum wichtigsten Ausweichnahrungsmittel. Der Bedarf stieg infolgedessen sprunghaft an, und zwar besonders, nachdem 1941 auch die Kartoffeln rationiert worden waren. Zu seiner Befriedigung war eine starke Anbauausweitung erforderlich. Der reibungslose Absatz bei sicheren Preisen, den selbst typische Massenerzeugnisse wie Weisskohl, Möhren und Kohlrüben fanden, bot an sich schon einen starken Anreiz zur Ausdehnung des Feldgemüsebaues. Darüber hinaus waren aber die Preiserhöhungen, die durch Heraufsetzung der Höchstpreise zugelassen wurden, mit 30 bis 50 vH und mehr im Vergleich zu den meisten übrigen Agrarerzeugnissen besonders gross und fielen bei den hohen Roherträgen vieler Gemüsearten stark ins Gewicht (vgl. Übersicht 26 und Schaubild 11). Infolgedessen stieg die Gemüseanbaufläche im Laufe

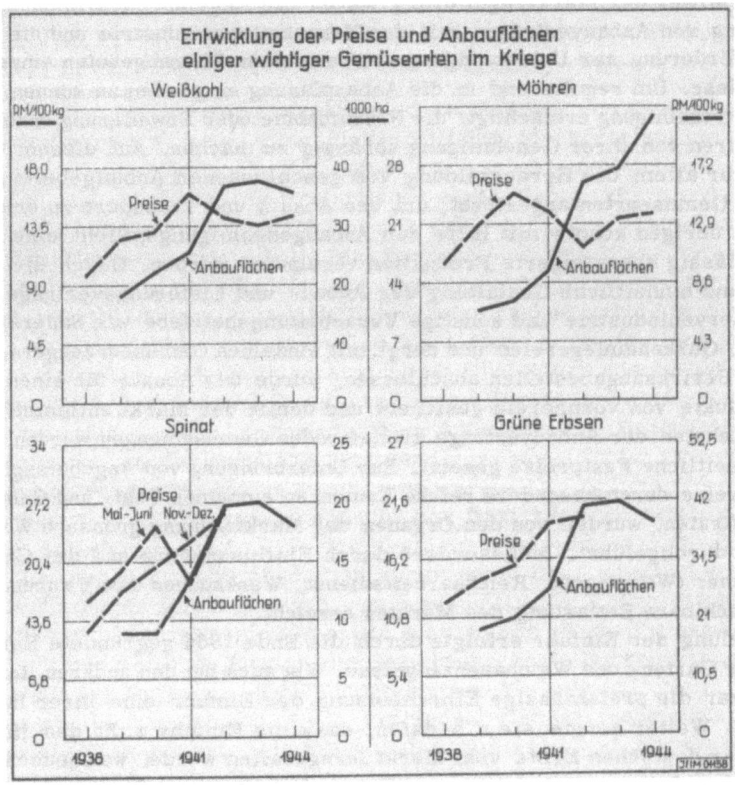

Schaubild 11

Übersicht 26: Entwicklung der Preise für einige wichtige Gemüsearten 1938 - 1944
Preise für inländische Ware am Berliner Markt

Jahr	Weisskohl		Rotkohl		Wirsingkohl		Möhren		Spinat			Gr. Erbsen	Gr. Bohnen	Blumenkohl	Tomaten
	Sept. bis Nov.	Jahres-durch-schnitt	Sept. bis Nov.	Jahres-durch-schnitt	Aug. bis Nov.	Jahres-durch-schnitt	Aug. bis Dez.	Jahres-durch-schnitt	Mai bis Juni	Nov. bis Dez.		Juli bis August	August bis September	Juli bis Oktober	August bis Oktober
							RM/50 kg								
1938	3,12	4,85	4,22	7,28	4,29	5,79	4,36	4,48	7,88	6,12		11,81	15,40	22,51	9,62
1939	3,37	6,25	5,47	7,59	4,92	7,16	5,32	6,41	9,74	8,46		13,86	9,70	18,94	8,63
1940	4,10	6,51	5,37	8,23	4,98	9,39	4,92	7,59	12,25	9,91		15,04	22,23	26,31	12,68
1941	5,15	7,97	6,95	9,64	6,56	9,67	5,84	6,87	9,01	11,32		18,89	21,85	26,30	12,37
1942	4,48	7,04	6,58	9,00	6,16	7,86	5,20	6,03	13,28	12,94		19,44	22,27	26,61	14,25
1943	.	6,74	.	9,63	.	7,68	.	6,62	.	.		.	.	.	.
1944	.	7,09	.	11,03	.	11,03	.	6,81	.	.		.	.	.	.
							Durchschnitt 1938 - 1939 = 100								
1940	126,2	117,3	110,7	110,6	108,0	144,9	101,7	139,3	139,0	135,9		117,1	177,1	126,9	139,0
1941	158,5	143,6	143,3	129,6	142,3	149,2	120,7	126,1	102,3	155,2		147,1	174,1	126,8	135,5
1942	137,8	126,8	141,2	121,0	133,6	121,3	107,4	110,6	150,7	177,5		151,4	177,5	128,4	146,1
1943	.	121,4	.	129,4	.	118,5	.	121,5	.	.		.	.	.	.
1944	.	127,7	.	148,3	.	170,2	.	125,0	.	.		.	.	.	.

Quelle: Vierteljahreshefte zur Statistik des Deutschen Reichs.

Übersicht 27: Anbau von Gemüse im Erwerbsgartenbau und im Feldgemüsebau 1939 - 1944 (1)

Gemüsearten	1939	1940	1941	1942	1943	1944	Zunahme 1939 - 1944	
			1000 ha				1000 ha	vH
Weisskohl	18,1	22,1	25,5	36,8	37,6	35,6	17,5	96,7
Rotkohl	8,3	9,1	11,2	16,4	16,8	16,3	8,0	96,4
Wirsingkohl	7,4	7,8	10,0	13,7	13,7	13,6	6,2	83,8
Grünkohl	2,5	2,5	3,3	4,6	4,7	5,9	3,4	136,0
Rosenkohl	2,6	2,5	3,3	4,5	4,6	5,6	3,0	115,4
Kohlrabi	5,2	5,5	7,8	12,5	13,2	19,1	13,9	267,3
Möhren	10,7	11,8	15,4	25,9	27,6	33,9	23,2	216,8
Rote Beete	1,9	2,3	2,9	4,9	5,1	7,5	5,6	294,7
Gurken	5,9	6,6	7,6	10,7	11,3	9,2	3,3	55,9
Kürbis	.	.	.	.	4,4	3,7	.	.
Blumenkohl	4,8	4,9	6,3	9,5	10,0	9,3	4,5	93,8
Kopf-, Feld-, Endiviensalat	4,6	4,6	5,8	7,9	8,2	8,2	3,6	78,3
Spinat, Mangold	8,9	8,9	13,5	19,7	20,0	18,0	9,1	102,2
Meerrettich	0,8	1,0	0,9	1,0	1,0	0,8	-	-
Schwarzwurzeln	0,3	0,3	0,3	0,5	0,5	0,4	0,1	33,3
Rettich	0,8	0,9	1,3	2,1	2,2	2,2	1,4	175,0
Petersilie	0,5	0,6	0,9	1,5	1,5	1,5	1,0	200,0
Sellerie	2,3	2,5	3,1	4,1	4,2	3,4	1,1	47,8
Porree	2,1	2,1	2,8	4,5	4,8	5,5	3,4	161,9
Zwiebeln	3,6	4,0	4,1	5,6	5,7	8,2	4,6	127,8
Spargel	7,3	8,1	8,7	11,6	12,0	10,7	3,4	46,6
Rhabarber	2,2	2,4	2,9	3,8	3,9	4,7	2,5	113,6
Grüne Erbsen	9,6	10,8	13,4	21,0	21,4	19,5	9,9	103,1
Grüne Bohnen	6,6	7,5	9,4	13,8	14,1	12,0	5,4	81,8
Dicke Bohnen	1,2	1,1	1,5	2,0	2,0	2,3	1,1	91,7
Tomaten	1,9	2,1	2,4	3,1	3,2	2,9	1,0	52,6
Speisekohlrüben	3,5	3,8	5,6	10,0	10,8	11,6	8,1	231,4
Gemüse insges.	123,6	135,8	169,9	251,7	264,5	271,6	144,3 (2)	116,7

(1) Reichsgebiet von 1937.
(2) Ohne Kürbis.
Quelle: Statistisches Handbuch von Deutschland.

der Kriegsjahre auf mehr als das Doppelte. Die Erntemengen verdoppelten sich dabei annähernd (vgl. Übersicht 27 und 28). Die wichtigste Rolle spielten bei dieser Produktionsausweitung diejenigen Gemüsearten, die sich für den feldmässigen Anbau eignen und besonders hohe Roherträge bringen oder doch vergleichsweise wenig Handarbeit erfordern. So stiegen die Anbauflächen von Kohlrabi, Kohlrüben, Möhren und Roten Beeten auf das Dreifache, die von Weisskohl, Rotkohl, Grünkohl, Spinat, Pflückerbsen und Blumenkohl auf etwa das Doppelte. Dieser Steigerung der erwerbsmässigen Gemüseproduktion dürfte die Ausdehnung der Erzeugung in Haus- und Kleingärten keinesfalls nachgestanden haben. Wurde doch besonders von der städtischen Bevölkerung mit ausserordentlichem Fleiss jedes freie Fleckchen Erde zur Verbesserung der Gemüseversorgung ausgenutzt. Trotzdem konnte der gewaltig ansteigende Bedarf nicht immer voll befriedigt werden. - Die Obstproduktion konnte naturgemäss im Kriege nicht gesteigert werden, da die Vermehrung der Obstanlagen eine lange Anlaufzeit benötigt.
Die bestehende Marktregelung für Gemüse und Obst wurde während des

Übersicht 28: Ernten von Gemüse im Erwerbsgartenbau und im Feldgemüsebau 1939 - 1944 (1)

Gemüsearten	1939	1940	1941	1942	1943	1944	Zunahme 1939 - 1944	
			1000 t				1000 t	vH
Weisskohl	749,6	601,2	963,3	1446,7	1134,1	1262,4	512,8	68,4
Rotkohl	219,1	201,0	304,1	488,4	387,1	410,0	190,9	87,1
Wirsingkohl	170,7	155,5	248,3	376,8	291,2	318,6	147,9	86,6
Grünkohl	34,1	32,5	42,8	65,8	53,7	76,4	42,3	124,0
Rosenkohl	17,7	17,3	22,3	32,6	30,5	37,4	19,7	111,3
Kohlrabi	93,0	95,9	136,8	242,9	234,2	344,4	251,4	270,3
Möhren	327,4	232,2	427,3	744,9	621,4	879,0	551,6	168,5
Rote Beete	.	60,7	74,6	130,5	124,2	170,9	110,2(3)	181,5
Gurken	118,6	107,1	124,1	136,5	121,3	136,8	18,2	15,3
Kürbis	.	.	.	.	.	109,3	.	.
Blumenkohl	85,7	81,0	109,0	165,1	156,7	138,9	53,2	62,1
Kopf-, Feld-, Endiviensalat (2)	43,7	53,3	60,3	93,0	98,9	86,4	42,7	97,7
Spinat, Mangold	71,7	61,1	117,1	181,8	175,2	147,3	75,6	105,4
Meerrettich	5,5	6,0	4,8	6,8	6,2	5,6	0,1	1,8
Schwarzwurzeln	.	3,7	3,5	5,6	5,1	4,1	0,4(3)	10,8
Rettich	.	16,2	22,6	43,6	35,1	38,7	22,5(3)	138,9
Petersilie	.	6,6	13,3	18,1	16,4	18,3	11,7(3)	177,3
Sellerie	40,3	46,6	55,1	67,3	56,3	57,6	17,3	42,9
Porree	.	31,9	45,2	75,7	75,4	88,0	56,1(3)	175,9
Zwiebeln	78,2	75,1	69,3	100,2	98,8	149,2	71,0	90,8
Spargel	20,5	23,4	18,6	26,7	28,2	22,2	1,7	8,3
Rhabarber	49,6	58,9	72,3	95,0	98,3	114,0	64,4	129,8
Grüne Erbsen	61,9	86,5	100,6	195,3	160,0	148,6	86,7	140,1
Grüne Bohnen	62,1	69,8	83,7	100,2	81,7	93,2	31,1	50,1
Dicke Bohnen	.	12,6	12,6	19,0	21,5	20,6	8,0(3)	63,5
Tomaten	50,9	46,2	45,3	74,2	70,7	62,9	12,0	23,6
Speisekohlrüben	.	.	.	387,2	289,5	363,4	.	.
Gemüse insges.	2300,3	2182,3	3176,9	5319,9	4471,7	5304,2	2399,5(4)	98,7

(1) Reichsgebiet von 1937.
(2) Nur Kopfsalat.
(3) Zunahme von 1940 bis 1944.
(4) Ohne Kürbis und Speisekohlrüben.
Quelle: Statistisches Handbuch von Deutschland.

Krieges fast unverändert beibehalten Begreiflicherweise wurde mit der allgemeinen Verknappung der Lebensmittel auch eine straffere Erfassung der Produktion von Gartenbauerzeugnissen erforderlich. Doch wurde von einem Verbot des direkten Verkaufs vom Erzeuger an den Verbraucher wegen der grossen Schwierigkeiten, die seiner lückenlosen Durchführung entgegenstanden, lange Zeit Abstand genommen. Infolge des stark steigenden Direktabsatzes ging die Erfassung besonders in Gebieten, die den Verbraucherzentren benachbart waren, ständig zurück. Diese erschwerte die Versorgung der berufstätigen Bevölkerung, die zeitlich nicht in der Lage war, sich durch Fahrten aufs Land selbst zu versorgen. Als das Verbot des direkten Absatzes an den Verbraucher schliesslich Mitte 1944 doch erlassen wurde, konnte seine Durchführung kaum noch erzwungen werden, zumal sich die Gesamtversorgung mit Lebensmitteln erheblich verschlechtert hatte.

5. Milch

a) Die Lage am Milchmarkt um 1932

Der Preissturz am Buttermarkt (1), der 1930 einsetzte, brachte auch die Milchpreise in Verfall, und zwar im wesentlichen nur die Preise für Werkmilch, während sich die Preise für Trinkmilch verhältnismässig gut hielten. In den Jahren 1932 bis 1933 betrugen die Werkmilchpreise frei Verarbeitungsstelle nur noch 6 bis 9 Rpf je kg, die Trinkmilchpreise lagen dabei um 4 bis 6 Rpf je kg höher.
Diese grosse Preisdifferenz liess natürlich steigende Milchmengen in die Bedarfsgebiete für Trinkmilch strömen Erzeuger, die oft mehrere 100 km vom Verbrauchsort entfernt waren, drängten mit ihrer Ware an die Trinkmilchmärkte. Da sie den Markt nicht übersehen konnten, ergaben sich stossweise Überbelieferungen, die nur mit grossen Verl sten verwertet werden konnten und die Trinkmilchpreise zu erschüttern drohten. Infolgedessen wurden, ausgehend vom rheinisch-westfälischen Industriegebiet, frühzeitig freiwillige Zusammenschlüsse der Milchlieferanten für die einzelnen Trinkmilchmärkte geschaffen. Um solchen Zusammenschlüssen grössere Vollmachten zu geben und insbesondere die Möglichkeit zu schaffen, Aussenseiter auch gegen deren Willen in die Vereinbarungen einzubeziehen, wurde im Milchgesetz vom 31.7.1930, das vor allem die Hygiene- und Qualitätsfragen regelte, die Möglichkeit des Zusammenschlusses der Milcherzeuger vorgesehen und den Zusammenschlüssen ein bestimmter Aufgabenkreis übertragen. Diese Bestimmung war der Ausgangspunkt der späteren Marktordnung.

b) Die Markt- und Preisordnung

aa) Die Verminderung der Auslandskonkurrenz auf dem Fettmarkt

Der Mengen- und Preisdruck des Auslandes auf den deutschen Speisefettmärkten, der in Verbindung mit der Schrumpfung der Kaufkraft der Verbraucher die Ursache für den Verfall der Milchpreise und für die Störungen an den Milchmärkten war, wurde bereits im Jahre 1933 durch eine Reihe gesetzlicher Massnahmen, die unter der Bezeichnung "Fettplan" zusammengefasst wurden, weitgehend beseitigt. Im einzelnen wird hierauf an anderer Stelle eingegangen (2). Als die wichtigsten Massnahmen seien in diesem Zusammenhang erwähnt:

Die Kontingentierung der Margarineherstellung, die Verteuerung der Margarine und ähnlicher Speisefette durch eine Fettsteuer sowie die Einfuhrregelung von Fetten und Fettrohstoffen mit Hilfe eines Handelsmonopols, das der neugeschaffenen Reichsstelle für Milcherzeugnisse, Öle und Fette erteilt wurde. Dadurch wurde die Voraussetzung für die Hebung des Butterpreises und damit der Werkmilchpreise geschaffen. Bis zur Einführung der Festpreise für Butter im November 1934 wurden ausserdem zur Stabilisierung des Butterpreises und Regulierung des Buttermarktes staatliche Einlagerungen und Vereinbarungen mit den Einfuhrländern über eine Anpassung der Einfuhr an die Marktlage vorgenommen.

---
(1) Näheres hierzu im Abschnitt "Fette", S. 87 ff.
(2) Vgl. S. 87 ff.

bb) Die molkereimässige Erfassung der Milch als Grundlage der Marktordnung und einer geregelten Fettversorgung im Kriege

Die Milch wird in etwa 2 1/2 Millionen Betrieben täglich gewonnen und muss ihrer Verderblichkeit halber auf dem schnellsten Wege dem Verbrauch oder der Verarbeitung zugeführt werden. Dieser ständig fliessende, ungeheuer verästelte Warenstrom lässt sich weder überblicken noch lenken und bietet deshalb eine wenig geeignete Grundlage für den Aufbau der Marktordnung und des Festpreissystems. Um den notwendigen Überblick und die Möglichkeit zu Eingriffen in den Marktablauf zu gewinnen, musste man den Warenstrom zwingen, bestimmte Erfassungsstellen zu passieren. Die gegebenen Stellen für diesen Zweck waren die Molkereien und sonstigen milchwirtschaftlichen Betriebe.

Die Einzugsgebiete sämtlicher Molkereien wurden deshalb festgelegt und die Lieferungsgebiete der grossen Trinkmilchmärkte abgegrenzt. Die Milchwirtschaftsverbände wurden ermächtigt, einen Ablieferungszwang für sämtliche Milch, die nicht im eigenen Haushalt des Kuhhalters oder zur Aufzucht benötigt wurde, einzuführen und das Selbstverarbeiten zu Butter zu verbieten. Das Selbstmarkten von Trinkmilch, mit Ausnahme des Ab-Hof-Verkaufs wurde einheitlich verboten. Von der Ermächtigung wurde praktisch in allen Fällen Gebrauch gemacht, in denen die Transportlage eine molkereimässige Erfassung der Milch zuliess. Gleichzeitig wurde mit dem systematischen Ausbau des Molkereigesetzes begonnen, mit dem Ziel der restlosen Erfassung aller nicht zur Selbstversorgung der Kuhhalter erforderlichen Milch. In den Jahren 1934 bis 1939 wurden rd. 2000 Neubauten und 14 400 Umbauten und maschinelle Ergänzungen von milchwirtschaftlichen Betrieben (Molkereien, Käsereien, Rahmstationen und Milchsammelstellen) durchgeführt. Sie erforderten einen Kostenaufwand von 278 Mill. Mark, der zu einem erheblichen Teil aus öffentlichen Mitteln bestritten werden musste. Der Ausbau des Molkereiwesens erfolgte vornehmlich in zwei Richtungen: Erstens wurde eine Rationalisierung der vorhandenen Einrichtungen durchgeführt, wobei auch Schliessungen von unrationell arbeitenden Betrieben zugunsten der höheren Ausnutzung besser arbeitender Betriebe vorgenommen wurden. Zweitens wurden neue Einrichtungen zur Erschliessung von molkereimässig noch nicht erfassten Gebieten geschaffen. Dabei wurde vielfach durch Einrichtung von Milchsammelstellen und Rahmstationen eine weitgehende Konzentrierung der Verarbeitung in grossen modern eingerichteten Betrieben angestrebt.

Mit Hilfe dieser einschneidenden Massnahmen gelang es, den Anteil der molkereimässig erfassten Milch von rund 40 vH der Erzeugung im Jahre 1932 auf etwa 60 vH in der letzten Vorkriegszeit zu erhöhen und dementsprechend die Selbstverarbeitung in den landwirtschaftlichen Betrieben und den direkten Absatz von Frischmilch einzuschränken (vgl. Übersicht 29 und Schaubild 12). Diese Entwicklung ging jedoch nicht in allen Fällen reibungslos vonstatten. Der Ablieferungszwang löste bei einem - allerdings wohl nur kleinen - Teil der Betroffenen erheblichen Widerstand aus, der sich verstärkte, als Ende 1935 eine Butterknappheit eintrat und infolgedessen Schwarzhandelspreise zu erzielen waren, die weit über den Festpreisen lagen. Mitteilungen über gerichtliche Bestrafungen wegen Nichtablieferung der Milch waren in dieser Zeit nicht selten. Der Ablieferungszwang zog einen weiteren Zwang nach sich. Um einen Missbrauch der Monopolstellung zu verhindern, die sie ihren Lieferanten gegenüber durch den Ablieferungszwang erhielten, wurde nämlich eine scharfe Überwachung der Molkereien notwendig. Diese von den Milchwirtschaftsverbänden ausgeübte

Übersicht 29: Milcherzeugung und Milchverwendung 1932 - 1944

Jahr	Milcherzeugung				Verwendung der Milch durch den Erzeuger					Verwertung der Milch durch Erzeugerbetriebe und Molkereien		
	Durchschnittlicher Bestand an Milchkühen	Durchschnittlicher Milchertrag je Kuh	Gesamterzeugung an Kuhmilch	Durchschnittlicher Fettgehalt der Milch	Zur Aufzucht	Eigenverbrauch als Frischmilch	An Molkereien und Milchsammelstellen geliefert	Als Frischmilch direkt abgesetzt	Zu Butter und Käse verarbeitet	Zur Aufzucht	Frischmilchverbrauch	Verarbeitet zu Butter, Käse, Dauerwaren usw.
	1000 St.	kg	Mill. t	vH	Mill. t	Mill. t	Mill. t	vH	Mill. t	Mill. t	Mill. t	Mill. t	Mill. t
					Reichsgebiet von 1937							
1932	9 730	2 490	24,2	3,21	2,7	3,0	9,5	39,3	2,0	7,0	2,7	7,5	14,0
1933	9 950	2 484	24,7	3,21	3,0	3,2	10,2	41,3	2,0	6,3	3,0	7,7	14,0
1934	10 109	2 419	24,5	3,21	2,5	3,5	11,4	46,5	1,6	5,5	2,5	7,9	14,1
1935	10 059	2 406	24,2	3,24	2,5	3,5	12,2	50,4	1,6	4,6	2,5	7,8	13,9
1936	10 038	2 530	25,4	3,27	2,7	3,5	14,1	55,5	1,4	3,7	2,7	7,9	14,8
1937	10 173	2 501	25,4	3,30	2,7	3,3	14,8	58,1	1,3	3,3	2,7	7,7	15,0
1938	10 108	2 492	25,1	3,31	2,7	3,2	14,8	59,0	1,3	3,1	2,7	7,9	14,5
1939	9 881	2 567	25,4	3,31	2,6	2,9	16,1	63,2	1,2	2,6	2,6	7,3	15,4
1940	9 980	2 447	24,4	3,32	2,2	2,7	17,2	70,4	0,7	1,6	2,2	5,2	17,1
1941	9 976	2 386	23,8	3,32	2,0	2,2	17,8	74,8	0,7	1,2	2,0	4,8	17,0
1942	10 051	2 239	22,5	3,30	1,9	2,0	17,3	76,8	0,5	0,8	1,9	4,5	16,1
1943	10 130	2 251	22,8	3,27	1,8	2,0	17,9	78,5	0,5	0,6	1,8	4,5	16,5
1944 (1)	10 259	1 696	17,4	3,25	1,4	1,5	13,9	79,6	0,3	0,4	1,4	3,5	12,5
					Reichsgebiet vom 1.9.1939							
1939	11 889	2 380	28,3	3,32	3,0	3,6	17,2	60,8	1,5	3,0	3,0	8,6	16,7
1940	11 901	2 302	27,4	3,34	2,6	3,3	18,6	67,9	0,9	2,1	2,6	6,2	18,7
1941	11 934	2 254	26,9	3,35	2,4	2,7	19,5	72,5	0,8	1,5	2,4	5,7	18,8
1942 (2)	11 978	2 146	25,7	3,32	2,3	2,6	19,0	74,1	0,7	1,1	2,3	5,7	17,7
1943 (2)	12 097	2 149	26,0	3,29	.	.	19,3	.	.	.	.	.	.

(1) Nur Januar bis September. - (2) Einschl. Eupen-Malmedy und Danzig.

Quelle: Statistisches Jahrbuch für das Deutsche Reich. - Statistisches Handbuch von Deutschland. - Unveröffentlichte Zusammenstellungen der Hauptvereinigung der deutschen Milch- und Fettwirtschaft.

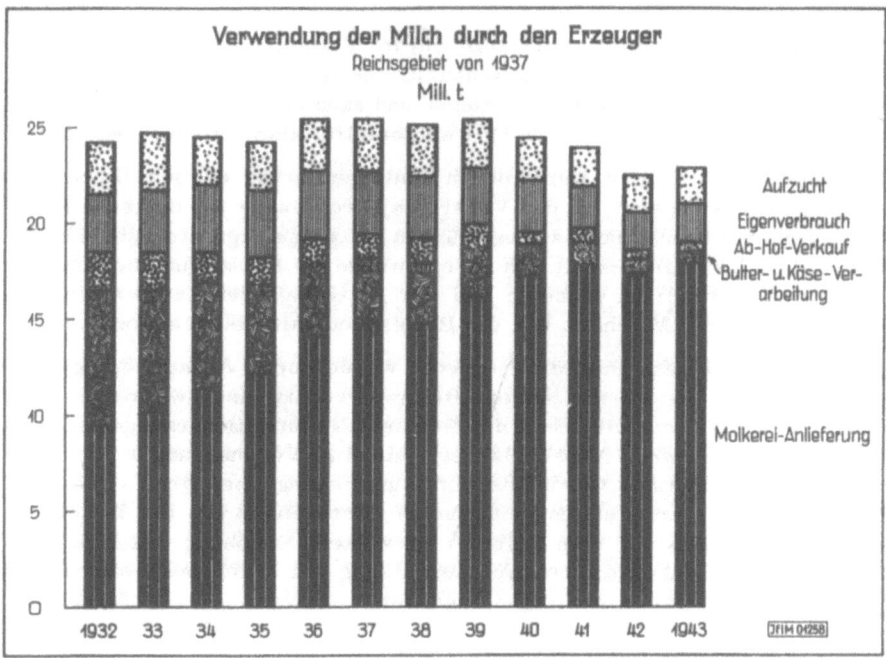

Schaubild 12

Kontrolle erstreckte sich über die gesamte Geschäftsführung der Betriebe. Wie weit die Bürokratisierung des Molkereiwesens im einzelnen ging, ergibt sich daraus, dass nicht nur Neuanlagen und Erweiterungen von Betrieben, sondern sogar sämtliche Investitionen, die den Wert von 1 000 RM überschritten, von der Genehmigung der milchwirtschaftlichen Zusammenschlüsse abhängig gemacht wurden. Mit Ausbruch des Krieges wurde die molkereimässige Erfassung der Milch noch erheblich erweitert. Der Eigenverbrauch der Kuhhalter an Trinkmilch wurde rationiert, das Buttern auch für den eigenen Bedarf verboten und die Einrichtungen hierzu versiegelt. Der Ab-Hof-Verkauf von Trinkmilch zur Versorgung der ländlichen Bevölkerung wurde reguliert, um die Rationierung durchführen zu können. Schliesslich wurde an Hand der Milchleistungsprüfungen die Ablieferung laufend überwacht. Damit wurde die Erfassung der Milch durch die Molkereien und Milchbearbeitungsbetriebe auf über 75 vH der Gesamterzeugung gesteigert. Abgesehen von dem eigenen Bedarf der Kuhhalter blieben nur noch sehr geringe Mengen wegen besonders transportungünstiger Lage der Erzeugerbetriebe der molkereimässigen Erfassung entzogen (vgl. Schaubild 12 und Übersicht 29). In diesen Fällen wurde anstelle der Milchablieferung die Ablieferung entsprechender Buttermengen verlangt.

Die Zusammenfassung der Milch in nur etwa 8 000 bis 10 000 milchwirtschaftlichen Betrieben ermöglichte in erster Linie die restlose Beherrschung der Milchverwendung und der Warenverteilung durch die Hauptvereinigung der Deutschen Milch- und Fettwirtschaft:

Die Beschickung der grossen T r i n k m i l c h m ä r k t e erfolgte aus abgegrenzten, marktnahen Einzugsgebieten, und zwar in der Regel über Molkereien, die zeitweise Überschüsse sofort als Werkmilch verarbeiten konnten. Auf dieser Grundlage war es möglich, dass mit Ausbruch des Krieges die Trinkmilchversorgung zugunsten der Butterproduktion schlagartig von

Vollmilch auf Magermilch umgestellt wurde. Vollmilch wurde nur noch Personen zugeteilt, die ihrer aus gesundheitlichen Gründen bedurften (Kinder, werdende und stillende Mütter, Kranke) und auch diese Milch wurde ab 1942 auf einen Fettgehalt von nur 2,5 vH eingestellt, also teilweise entrahmt.

Die Käseproduktion wurde durch Kontingentierung der jeweiligen Versorgungslage angepasst. In den Vorkriegsjahren wurde die deutsche Käseerzeugung aus handelspolitischen Gründen zeitweise zugunsten der Einfuhr aus Holland stark gedrosselt. Im Kriege wurde die Herstellung bestimmter fettreicher Käsesorten verboten und der Fettgehalt des Käses allgemein herabgesetzt, um Milchfett für die Butterproduktion einzusparen.

Die Belieferung des Buttermarktes wurde durch Absatzkontingentierung reguliert. Die starken jahreszeitlichen Produktionsschwankungen wurden durch die Vorratswirtschaft der Reichsstelle für Milcherzeugnisse, Öle und Fette aufgefangen. Als ab 1937 eine ständige Verknappung in der Butterversorgung eintrat, wurde die Kontingentierung über den Gross- und Einzelhandel bis zum letzten Verbraucher durchgeführt (1). Die Butterproduktion, die schon vor dem Kriege - teils durch Erhöhung des Milchaufkommens, teils durch die bessere Ausnutzung der Milch bei molkereimässiger Verarbeitung - im Steigen begriffen war, wurde bei Kriegsbeginn durch die Fetteinsparungen an der Trinkmilch und am Käse erheblich erhöht und auf Kosten der anderen Verwertungsarten sowie durch Herabsetzung des Fettgehaltes der Butter selbst trotz rückläufiger Milcherzeugung auf dieser Höhe gehalten (vgl. Übersicht 30 und Schaubild 13).

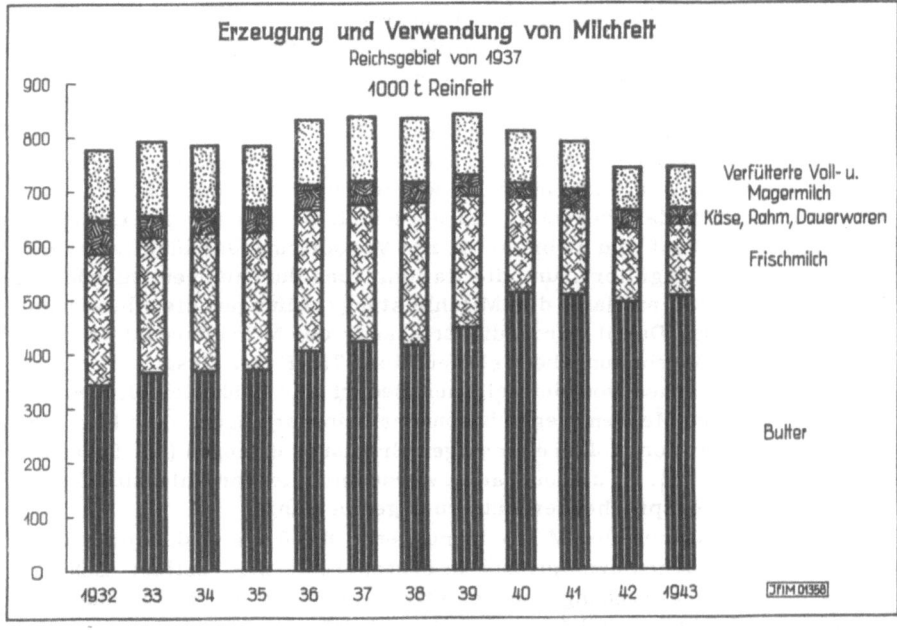

Schaubild 13

---

(1) Näheres vgl. Seite 90.

Übersicht 30: Milchfetterzeugung, Milchfettverwendung und Butterherstellung 1932 - 1944

Jahr	Erzeugung von Milchfett			Verwendung des Milchfetts								Butter-produktion
	Kuh-milcher-zeugung	durch-schnittl. Fettge-halt	Milch-fetter-zeugung	Verfüttert (als Voll- u. Magermilch)		In Form von Trinkmilch verbraucht (1)		Zu Butter verarbeitet (2)		Zu Käse, Quark, Milchdauerwa-ren u. dgl. ver-arbeitet (3)		
	Mill. t	vH	1000 t	1000 t	vH	1000 t	vH	1000 t	vH	1000 t	vH	1000 t
				Reichsgebiet von 1937								
1932	24,2	3,21	777	130	16,7	241	31,0	344	44,3	62	8,0	420
1933	24,7	3,21	793	137	17,3	248	31,3	368	46,4	40	5,0	448
1934	24,5	3,21	786	118	15,0	253	32,2	370	47,1	44	5,6	451
1935	24,2	3,24	784	114	14,5	253	32,3	371	47,3	46	5,9	452
1936	25,4	3,27	831	118	14,2	259	31,2	407	49,0	47	5,7	496
1937	25,4	3,30	838	118	14,1	251	30,0	424	50,6	45	5,4	517
1938	25,2	3,31	834	117	14,0	262	31,4	416	49,9	39	4,7	508
1939	25,4	3,31	841	111	13,2	241	28,7	450	53,5	39	4,6	549
1940	24,4	3,32	810	95	11,7	173	21,4	514	63,5	28	3,5	627
1941	23,8	3,32	790	87	11,0	159	20,1	509	64,4	35	4,4	621
1942	22,5	3,30	743	80	10,8	135	18,2	495	66,6	33	4,4	619
1943	22,8	3,27	746	78	10,5	131	17,6	507	68,0	29	3,9	634
1944 (4)	17,4	3,25	566	60	10,6	100	17,7	380	67,1	26	4,6	475
				Reichsgebiet vom 1.9.1939								
1939	28,3	3,32	940	129	13,7	285	30,3	483	51,4	43	4,6	589
1940	27,4	3,34	915	113	12,3	207	22,6	564	61,6	31	3,4	688
1941	26,9	3,35	901	106	11,8	191	21,2	566	62,8	38	4,2	690
1942	25,7	3,32	853	98	11,5	166	19,5	552	64,7	37	4,3	690
1943	26,0	3,29	855	.	.	.	.	565	66,1	.	.	706

(1) Ab 1942 wurde für die von Molkereien vertriebene Trinkmilch ein Fettgehalt von 2,5 vH zugrundegelegt, im übri-gen wurde der durchschnittliche Fettgehalt (Spalte 2) angenommen.
(2) Aus der Butterproduktion errechnet. Dabei wurde bis 1941 ein durchschnittlicher Fettgehalt der Butter von 82 vH, ab 1942 von 80 vH zugrundegelegt.
(3) Als Restsumme errechnet, daher nur zur Veranschaulichung der grössenordnungsmässigen Entwicklung geeignet.
(4) Nur Januar bis September.
Quelle: Statistisches Jahrbuch für das Deutsche Reich. - Statistisches Handbuch von Deutschland. - Unveröffentlichte Zusammenstellungen der Hauptvereinigung der deutschen Milch- und Fettwirtschaft.

Zu erwähnen ist, dass die zwangsweise molkereimässige Erfassung der Milch eine Reihe von beachtlichen Vorteilen technischer Art mit sich brachte. Die Regulierung der Trinkmilchmärkte brachte zum Teil erhebliche Einsparungen an Transportkosten mit sich und verminderte Verluste durch Milchschwemmen. Die Abgrenzung der Einzugsgebiete erlaubte eine bessere Ausnutzung der Molkereien und die sachgemässe Verarbeitung in den Molkereien eine bessere Ausnutzung der Milch. Die Qualität der Milcherzeugnisse wurde gehoben und damit insbesondere der Anteil der lagerfähigen Butter vergrössert, was für den jahreszeitlichen Marktausgleich von grösster Bedeutung war.

cc) Die Preisordnung

Im Gegensatz zu den meisten anderen Agrarerzeugnissen wurde für Milch kein einheitlicher Erzeugerpreis festgesetzt. Die Milchpreisauszahlung der Molkereien war vielmehr so geregelt, dass dem Erzeuger neben einem einheitlichen Grundpreis von 2,5 Rpf je kg zunächst ein Mindestpreis je Fettprozent der Milch ausgezahlt wurde. Die Molkerei war jedoch verpflichtet, darüber hinaus nach ihrer Leistungsfähigkeit Zuschläge auf den Fettprozentpreis auszuzahlen. Die Festsetzung des auszuzahlenden Preises erfolgte durch die Milchwirtschaftsverbände auf Grund der Betriebsergebnisse der Molkereien. In der Regel wurde ein besonderer Preis für jede einzelne Molkerei angeordnet; in einigen Fällen wurde aber auch aus dem Durchschnittsergebnis der Betriebe ein einheitlicher Preis für ein grösseres Gebiet festgelegt, was aber nur bei weitgehender Ausgeglichenheit der Betriebsverhältnisse angängig war.
Der Milchpreis, den der einzelne Erzeuger erhielt, war also von einer ganzen Reihe von Faktoren abhängig. An erster Stelle stand dabei der Fettgehalt der Milch. Da der Fettgehalt ein wesentliches Qualitätsmerkmal ist, wurde durch die Bezahlung nach dem Fettgehalt eine gewisse Gütestaffelung des Milchpreises erreicht. Weiter war die Art der Verwertung der Milch durch die Molkerei massgebend, nämlich ob sie als Trinkmilch abgesetzt, ob sie zu Butter, Käse oder Dauerwaren verarbeitet und ob gegebenenfalls die Magermilch verwendet wurde. Der Milchpreis baute sich insoweit auf die Festpreise für Trinkmilch, die für die einzelnen Verbrauchsgebiete festgesetzt wurden, und die Festpreise für Butter und Käse, die reichseinheitlich geregelt wurden, auf. Obgleich die Trinkmilch mit einer Ausgleichsabgabe von durchschnittlich 1 Rpf je kg zugunsten der Werkmilch belegt wurde, brachte sie doch den weitaus höchsten Erlös. Dadurch war eine gewisse regionale Staffelung des Milchpreises gegeben, denn in den Einzugsgebieten der grossen Verbrauchsgebiete für Trinkmilch war der ausgezahlte Durchschnittspreis höher als in den marktfernen Gebieten. Bei der Verarbeitung auf Butter, die die weitaus umfangreichste Verwertungsart darstellte, war eine regionale Preisstaffelung nicht gegeben, denn für Butter wurde ein allgemeiner Frachtkostenausgleich geschaffen, so dass der Erzeugerpreis ab Molkerei in allen Teilen Deutschlands einheitlich war. Dagegen war durch die Qualitätsstaffelung des Butterpreises auch eine Qualitätsbezahlung der Milch gegeben, sofern die Molkereien nach Ausrüstung und Arbeitsweise in der Lage waren, die Qualität der Milch in ihren Erzeugnissen zur Geltung zu bringen. Die Qualitätsbewertung kam jedoch nur für die Gesamtheit der in einer Molkerei verarbeiteten Milch in Betracht, nicht aber gesondert für die von den einzelnen Erzeugern gelieferten Mengen. Schliesslich war die Leistungsfähigkeit der Molkereien von grosser Bedeutung für den Milchpreis. Gute oder schlechte Abschlüsse der

Verarbeitungsbetriebe kamen bei der Art der Preisfestsetzung in den ausgezahlten Milchpreisen zum Ausdruck. Ein Teil der Mehrerträge, die durch besondere Leistungen erzielt wurden, mussten allerdings den Molkereien in jedem Falle belassen werden, wenn ihnen nicht der Ansporn zu weiteren hohen Leistungen genommen werden sollte.
Eine jahreszeitliche Staffelung der Milchpreise bestand grundsätzlich nicht, da sowohl die Trinkmilchpreise als auch der Butterpreis ohne Saisonstaffelung waren. Von einzelnen Milchwirtschaftsverbänden wurde jedoch angeordnet, dass von den Milchgeldern der Sommermonate bestimmte Beträge zurückbehalten und zur Verbesserung des Milchpreises in den Wintermonaten benutzt wurden.

c) Massnahmen zur Erzeugungssteigerung

aa) Umstellung und Erweiterung der Futtergrundlage

Die Leistung des deutschen Milchviehbestandes beruhte bis 1933 zu einem beträchtlichen Teil (etwa 25 vH) auf der Verfütterung von Eiweisskonzentraten ausländischer Herkunft; mit über 2 Mill.t hatte die Verwendung von Ölkuchen in den Jahren 1932 und 1933 einen Höhepunkt erreicht.
Im Rahmen des sogenannten Fettplanes wurde die Einfuhr von Ölsaaten und Ölkuchen erheblich eingeschränkt und der Preis für Ölkuchen durch eine Monopolabgabe erhöht (vgl. Schaubild 14 und Übersicht 31). Zusammen mit der Erhöhung des Milchpreises veranlassten diese Massnahmen die Landwirtschaft zur Ausweitung der wirtschaftseigenen Futtergrundlage. Die gleichzeitige Verbilligung der Handelsdüngemittel schuf die wirtschaftlichen Voraussetzungen für eine Ertragssteigerung der Futterflächen sowie die Ausdehnung des Zwischenfruchtbaues für Futterzwecke und verhinderte damit

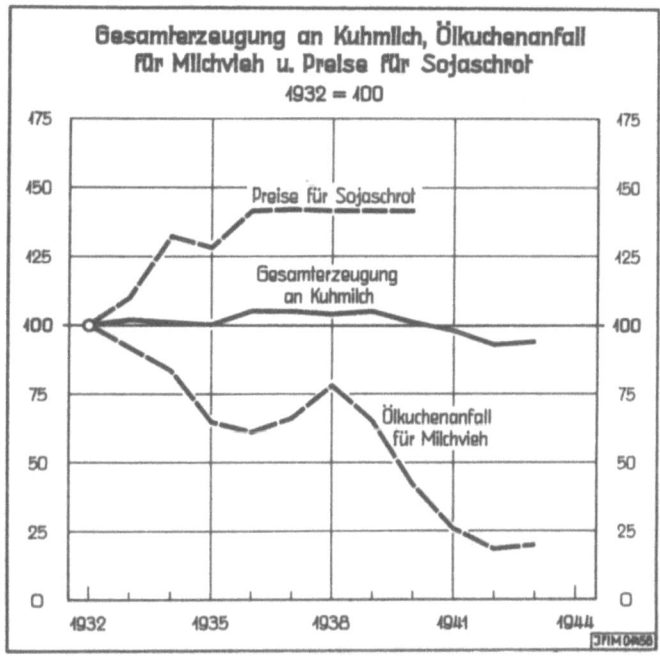

Schaubild 14

Übersicht 31: Zahlen zur Umstellung der Futtergrundlage für die Milcherzeugung (1)

Jahr	Verfügbare Menge an Ölkuchen	Preis für Sojaschrot (2)	Preis für Erdnusskuchen (3)	Ernte von Luzerneheu	Ernte von Zuckerrübenblättern und -köpfen (4)	Umfang des Zwischenfruchtbaus (ohne Stoppelklee) insgesamt	davon zur Futtergewinnung	Fassungsraum der festgefügten Gärfutterbehälter
	1 000 t	RM/100 kg	RM/100 kg	1 000 t	Mill. t	1 000 ha	1 000 ha	1 000 cbm
1932	2 296 (5)	11,12	13,20	2 097	5,91	790 (6)	ca. 355 (6)	650
1933	2 051 (5)	12,26	14,72	1 791	6,43	.	.	920
1934	1 583	14,72	.	1 611	7,80	.	.	2 320
1935	1 229	14,24	.	2 334	7,93	1 299	957	3 920
1936	1 164	15,73	17,08	2 997	9,07	1 213	845	5 220
1937	1 244	15,78	15,88	2 988	11,78	1 361	989	6 620
1938	1 475	15,74	15,84	2 797	11,66	1 266	915	7 523
1939	1 220	15,73	15,83	2 999	12,57	.	836	8 078
1940	800	15,73	15,83	2 504	12,38	.	ca. 750	.
1941	500			2 523	12,06			.
1942	345			2 232	12,30			.
1943	375			2 010	10,96			.
1944				2 139	10,25			.

(1) Reichsgebiet von 1937.
(2) Durchschnittspreis ab Hamburg und ab Stettin; 46 vH Protein und Fett (Ab September 1934 45 vH).
(3) Ab Hamburg oder Breslau; 50 vH Protein und Fett.
(4) 75 vH der Rübenernte.
(5) Bis 1933 sind Ölkuchen in grösserem Umfange auch zur Fütterung von Pferden und Schweinen verwendet worden. Der Verbrauch für Milchvieh dürfte 1932 schätzungsweise 1,9 Mill. t, 1933 1,75 Mill. t betragen haben.
(6) 1927.

Quelle: Statistisches Jahrbuch für das Deutsche Reich. - Statistisches Handbuch von Deutschland. - Wirtschaft und Statistik. - K. Meyer, Gefüge und Ordnung der deutschen Landwirtschaft, Berlin 1939.

die unerwünschte Ausweitung der Futterflächen auf Kosten des Getreide- und Hackfruchtbaues. Zur weiteren Förderung der Entwicklung in dieser Richtung wurden öffentliche Mittel in grösserem Umfange als Meliorations- und Baukostenzuschüsse eingesetzt.
So wurde ab Ende 1936 für den Umbruch von ertragsschwachem Grünland eine Beihilfe von RM 80,-- je ha gewährt, wenn dadurch eine Ertragssteigerung gewährleistet war, und die Leistung des Viehbestandes durch den Umbruch nicht vermindert wurde. Der gleiche Betrag wurde zur Einzäunung und Unterteilung von Mähweiden beigesteuert. Die Bedingungen, die an die Gewährung des Zuschusses geknüpft wurden, waren genügende Unterteilung der Weiden, so dass ein Viehbesatz erreicht wurde, der eine vollkommene Ausnutzung der Koppeln ermöglichte, häufiger Umtrieb, verstärkte Düngung und sachgemässe Pflege. Schon bis Ende 1938 wurden etwa 280 000 ha weniger ertragreiches Grünland umgebrochen, davon rd. 50 000 ha als Grünland wieder eingesät, der Rest als Ackerland einer intensiveren Nutzung zugeführt. Etwa 290 000 ha wurden neu eingezäunt und unterkoppelt. Damit wurde eine Doppelnutzung dieser Fläche als Wiese und Weide ermöglicht, bei der sich bekanntlich die beste Ausnutzung aller Leistungseigenschaften des Grünlandes erzielen lässt. Für etwa 7 vH des gesamten Grünlandes wurden also innerhalb von 2 Jahren Beihilfen zur Ertragssteigerung geleistet.
Von noch grösserer Wirkung für die Milchwirtschaft waren die Beihilfen zur Anlage von Gärfutterbehältern, die sich auf RM 4,-- je cbm umbauten Raumes beliefen. Von 1932 bis 1939 wurden rd. 7,4 Mill. cbm Siloraum errichtet (vgl. Übersicht 31). Diese schnelle Verbreitung der Gärfutterbereitung hat in einem ausserordentlichen Umfang zur Verringerung der Nährstoffverluste beigetragen, namentlich bei der Konservierung der Zuckerrübenblätter. Im Zusammenhang mit dem Zwischenfruchtbau hat sie neue Futterquellen erschlossen. Sie hat somit sehr wesentlich dazu beigetragen, dass die Milcherzeugung trotz abnehmenden Ölkuchenverbrauchs nicht zurückgegangen ist und auch während des Krieges auf einem verhältnismässig hohen Stand gehalten werden konnte.
Schliesslich wurden auch für die Anschaffung von Rübenblattwäschen und Grünfuttertrocknungsanlagen Beihilfen in Höhe von 30 bis 40 vH des Anschaffungswertes gegeben. Doch hat die künstliche Trocknung, obwohl sie eine sehr vollkommene Art der Konservierung von Futtermitteln ist, wegen der hohen Kosten und aus betriebswirtschaftlichen Gründen bis zum Kriege bei weitem noch nicht die allgemeine Bedeutung erlangt wie die Silierung. Während des Krieges wurde ihre Verbreitung durch Materialmangel verhindert.

bb) Die Einführung der pflichtmässigen Milchleistungsprüfung

Unter den Bestrebungen zur Hebung der Milchproduktion war die Einführung der pflichtmässigen Leistungskontrolle von aussergewöhnlicher Bedeutung. Zwar ist sie keine Massnahme marktwirtschaftlicher Natur, doch darf sie ihrer Bedeutung wegen in diesem Zusammenhang nicht unerwähnt bleiben. Allen Betrieben mit einer bestimmten Zahl von Milchkühen wurde Ende 1935 die regelmässige Milchleistungsprüfung gesetzlich zur Pflicht gemacht. Diese Massnahme schuf vor allem die sachliche Voraussetzung für die abgestufte Fütterung nach Leistung und die organisatorische Grundlage für eine sachgemässe Fütterungsberatung.
Der Anteil der unter Kontrolle stehenden Milchkühe am Gesamtbestand stieg von etwa 14 vH im Jahre 1935 auf über 70 vH vor Ausbruch des Krieges (vgl. Übersicht 32). Während des Krieges sank der Anteil der kontrollierten

Kühe infolge der Einziehung von Milchkontrollangestellten zur Wehrmacht auf rd. 50 vH des Bestandes im Jahre 1942. Durch den Einsatz von Frauen und Mädchen als Probenehmerinnen gelang es aber, den Anteil der unter Kontrolle stehenden Kühe gegen Ende des Krieges wieder auf über 55 vH zu heben. In dieser Zeit wurde die Leistungsprüfung weitgehend dazu benutzt, die Betriebe auf die Erfüllung ihrer Ablieferungspflicht hin zu überwachen.

Übersicht 32: Entwicklung der Milchleistungsprüfungen 1933 - 1944 (1)

Jahr	Zu Beginn des Jahres standen unter Leistungskontrolle	
	Zahl der Kühe in 1 000	vH des Bestandes
1933	1 041	10,6
1934	1 136	11,2
1935	1 448	14,3
1936	1 993	20,0
1937	5 211	51,3
1938	6 891	67,4
1939	7 018	,71,3
1940	6 494	65,9
1941	5 747	57,4
1942	5 357	53,1
1943	.	ca. 49,0
1944 (2)	.	ca. 55,5

(1) Reichsgebiet von 1937.
(2) Stand vom Juli 1944.
Quelle: Statistische Zusammenstellungen des Stickstoff-Syndikats. Berlin 1937.
Mitteilungen für die Landwirtschaft.

cc) Preiserhöhungen und Prämien

Durch das Steigen der Kaufkraft einerseits und den Devisenmangel andererseits entstand ab Ende 1937 eine fühlbare Verknappung am Buttermarkt. Gleichzeitig drohte die Intensität der Milcherzeugung hauptsächlich infolge des immer stärker werdenden Abzugs von Arbeitskräften durch die Industrie nachzulassen. Um einen Anreiz zur Überwindung der bestehenden Schwierigkeiten und zur Steigerung der Milcherzeugung zu geben, wurde der Milchpreis ab Oktober 1938 um durchschnittlich 2 Rpf je kg (etwa 15 vH) erhöht. Bei der Heraufsetzung des Milchpreises wurden die Gebiete mit den niedrigsten Milchpreisen besonders berücksichtigt, so dass sich die regionalen Unterschiede in der Höhe des Milchpreises, die vor allem auf dem verschieden hohen Anteil des Trinkmilchabsatzes beruhten, erheblich verminderten. Die erforderlichen Mittel wurden in der Hauptsache durch Subventionen an die Molkereien (rd. 450 Mill. RM jährlich) sowie durch Kürzung der Handelsspannen aufgebracht. Die Erhöhung der Verbraucherpreise, die der angespannten Versorgungslage entsprochen haben würde, wurde aus Gründen der allgemeinen Finanz- und Preispolitik vermieden. Dadurch wurde bei der Butter eine Nachfrage aufrechterhalten, die die Erzeugungsmöglichkeiten erheblich überstieg und eine Kontingentierung des Handels und des Verbrauchs schon vor dem Kriege notwendig machte.

Eine weitere Heraufsetzung des Milchpreises, die ebenfalls die Produktionssteigerung zum Ziel hatte, fand im März 1940 statt (vgl. Übersicht 33 und Schaubild 15). Sie baute sich auf einer Erhöhung der Trinkmilch-, Butter- und Käsepreise in allen Handelssparten auf und betrug im Durchschnitt 2 Rpf je kg (etwa 13,5 vH). Im übrigen stieg der Erzeugerpreis durch die günstigere Verwertung der Magermilch als Trinkmilch, Sauermilchkäse, Quark usw.

Übersicht 33: Die Entwicklung der Preise für Milch und Butter 1932 - 1944

Jahr	Milch		Butter	
	Erzeugerpreis frei Molkerei (1)	Verbraucherpreis (3)	Grosshandelspreis (4) ab Molkereiversandstation	Verbraucherpreis (3)
	RM/100 kg	Rpf/l	RM/100 kg	RM/kg
1932	} 7,0-10,0	23	227	2,78
1933		22	221	2,71
1934	11,57	23	251	2,97
1935	11,90	23	254	3,01
1936	12,26	23	254	3,09
1937	12,47	23	254	3,12
1938	13,15	23	257	3,13
1939	14,97	23	268	3,16
1940	16,91	25	298	3,50
1941	17,49	25	306	3,58
1942	18,02 (2)	25	307	3,58
1943	18,02 (2)	25	308	3,59
1944	..	25	309	3,59

(1) Gewogener Reichsdurchschnitt (Reichsgebiet 1937) einschl. Milchpreisstützung.
(2) Einschl. Prämie für besondere Milchmarktleistungen (etwa 19,70 RM, vgl. S. 86).
(3) Gewogener Durchschnitt von 72 Gemeinden.
(4) Für 1932 und 1933 Ia Qualität mit Fass, Berlin. Ab 1934 deutsche feine Molkereibutter mit Fass.

Quelle: Statistisches Jahrbuch für das Deutsche Reich. - Vierteljahreshefte zur Statistik des Deutschen Reichs. - Wirtschaft und Statistik. - Statistik der deutschen Milch- und Molkereiwirtschaft, bearbeitet in der Statistischen Abteilung der Hauptvereinigung der deutschen Milch- und Fettwirtschaft (unveröffentlicht).

Die Auswirkungen der Preiserhöhungen auf die Produktion traten nicht ohne weiteres zutage. Sie wurden verdeckt durch die Folgen der Maul- und Klauenseuche, die sich vom Sommer 1938 bis zum Frühjahr 1939 stark verbreitete, und durch den Ausbruch des Krieges mit seinen Wirtschaftserschwerungen im allgemeinen und einer scharfen Verknappung an konzentriertem Eiweissfutter im besonderen. Immerhin erfolgte nach Überwindung der Maul- und Klauenseuche eine Wiederauffüllung und Vermehrung des Milchkuhbestandes, die bis Kriegsende anhielt (vgl. hierzu S. 112 f., insbesondere Übersicht 44).

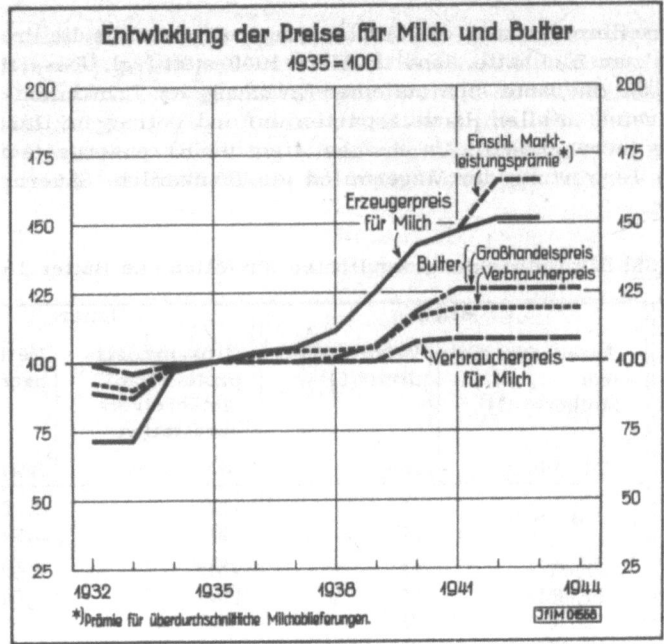

Schaubild 15

Des weiteren wurden durch die Preiserhöhungen die Ablieferungen an die Molkereien gefördert und damit eine rationellere Verarbeitung der Milch erreicht.

Ab 1942 wurde versucht, die Milchmarktleistung durch Gewährung von Geldprämien zu fördern. Die Prämie wurde zunächst für diejenigen Mengen gezahlt, die 80 vH der Durchschnittslieferungen (bezogen auf die landwirtschaftlich genutzte Fläche) im Einzugsgebiet jeder Molkerei überstiegen; sie betrug bei einer Ablieferung von

>über 80 vH bis 100 vH der Durchschnittsleistung 0,6 Rpf je Fetteinheit,
>über 100 vH bis 120 vH der Durchschnittsleistung 1,5 Rpf je Fetteinheit,
>über 120 vH der Durchschnittsleistung 2,4 Rpf je Fetteinheit.

Im Jahre 1943 wurde der Verteilungsschlüssel dahingehend geändert, dass für alle Mengen, die 60 vH der durchschnittlichen Ablieferungen (bezogen auf die landwirtschaftliche Nutzfläche) überstiegen, 1,2 Rpf je Fetteinheit gezahlt wurden. Die Prämien wurden nach Ablauf des Kalenderjahres abgerechnet und ausbezahlt; sie erhöhten den durchschnittlichen Milchpreis um etwa 1,7 Rpf je kg. Die Zahlungen in Höhe von jährlich rd. 370 Mill. RM wurden aus öffentlichen Mitteln bestritten.

Ohne Frage hat die Prämie die Milchablieferung an die Molkereien begünstigt. Es muss jedoch bezweifelt werden, dass dieses Ergebnis den Aufwand so umfangreicher Mittel rechtfertigte. Das teilweise Versagen des Prämiensystems ist darin begründet, dass es äusserst schwierig, ja fast unmöglich ist, einen gerechten Masstab für die prämienfreie Grundleistung zu finden. Durch die Zugrundelegung einer Durchschnittsleistung je ha der landwirtschaftlich genutzten Fläche kamen hauptsächlich die mit Rindvieh besonders stark besetzten Betriebe in den Genuss der Prämie. Diese Betriebe erreichten aber ihre hohe Marktleistung an Milch durchaus nicht immer durch die gewünschte Intensität der Futterproduktion und Milchviehnutzung, sondern vielfach auf Kosten der Produktion anderer wichtiger Erzeugnisse (Getreide, Hackfrüchte, Ölfrüchte usw.). Der Anteil der Prämien, die auf diese Weise ungerechtfertigt ausgezahlt wurden und zum Teil sogar dem angestrebten Ziel einer Intensivierung des Gesamtbetriebes entgegenwirkten, dürfte besonders bei der überspitzten Staffelung von 1942 gross gewesen sein. Ab 1943 wurde deshalb die Prämienzahlung auf eine breitere Basis gestellt, wodurch sie mehr den Charakter einer allgemeinen Preiserhöhung bekam (1).

6. Fette

a) Die Lage am Fettmarkt um 1932

Von dem gesamten Nahrungsfettverbrauch, der in den Jahren 1928 bis 1932 jährlich etwa 1,4 Mill.t Reinfett betrug, entfielen gut 40 vH auf Margarine, Speiseöl und unvermischtes Pflanzenfett, die übrigen 60 vH etwa zu gleichen Teilen auf Butter und Schlachtfette. Fast 55 vH des verzehrten Fettes wurden eingeführt. Hierzu kam noch ein Fettbedarf für industrielle Zwecke von rd. 325 000 t Reinfett, der fast ausschliesslich durch Einfuhr gedeckt wurde, so dass die Einfuhrabhängigkeit für den Gesamtfettbedarf 60 bis 65 vH betrug (vgl. Schaubild 16 und Übersicht 34). Die Fetteinfuhr erfolgte überwiegend in Form von Ölsaaten und Tran.

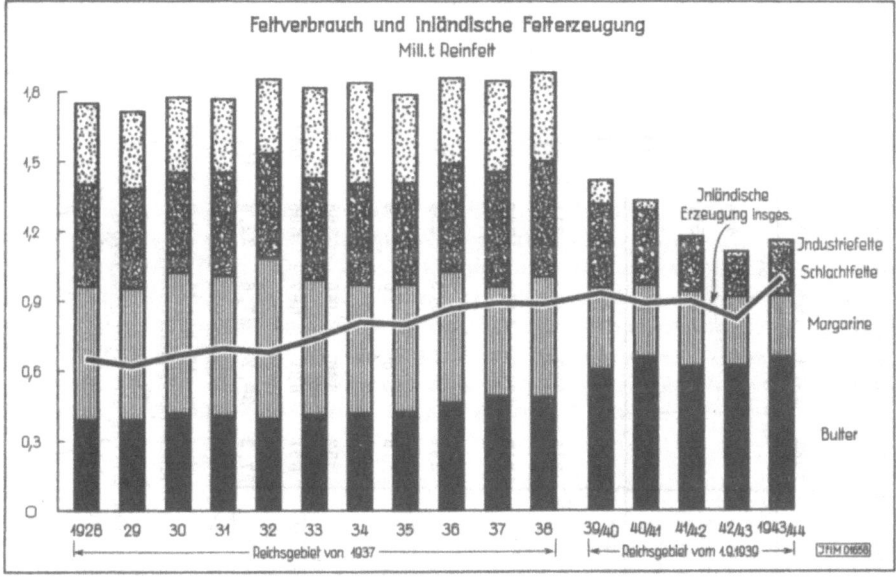

Schaubild 16

---

(1) Vgl. hierzu insbesondere Woermann, Das landwirtschaftliche Preisgefüge und die Anwendbarkeit von Preisprämien. Kühn-Archiv, Bd. 60, 1943.

Übersicht 34: Fettverbrauch und inländische Fetterzeugung 1928 - 1943/44 (1000 t Reinfett) (1)

Fettarten	Reichsgebiet von 1937											Reichsgebiet vom 1.9.1939					
	1928	1929	1930	1931	1932	1933	1934	1935	1936	1937	1938	39/40	40/41	41/42	42/43	43/44
	Gesamtverbrauch															
Butter	395	394	424	414	401	417	422	429	469	497	492	613	665	622	627	664
Margarine, Speiseöl (2)	568	561	602	596	682	575	549	544	559	467	515	347	306	320	297	262
Schlachtfette (3)	440	428	428	446	453	439	434	435	463	493	496	361	323	238	165	208
Nahrungsfette insg.	1403	1383	1454	1456	1536	1431	1405	1408	1491	1457	1503	1318	1294	1180	1089	1134
Industr. Fettverbrauch	345	332	322	311	320	387	434	378	368	390	380	102	38	.	25	28
Fettverbrauch insg.	1748	1715	1776	1767	1856	1818	1839	1786	1859	1847	1883	1420	1332	.	1114	1162
	Davon aus inländischer Erzeugung (4)															
Butter	291	283	315	332	344	368	370	371	407	424	416	553	563	555	568	546
Margarinerohstoffe, Speiseöl	8	8	6	6	4	12	56	31	40	45	56	45	48	122	85	249
Schlachtfette (3)	352	330	346	358	334	358	383	396	420	423	416	332	281	224	171	207
Insgesamt	651	621	667	696	682	738	809	798	867	892	888	935	892	901	824	1002
in vH des Fettverbr.	37,2	36,2	37,6	39,4	36,7	40,6	44,0	44,7	46,6	48,3	.	65,3	67,0	.	74,0	86,2

(1) Als Reinfettgehalt wurden der Berechnung zugrundegelegt: Bei Butter 82 vH, bei Schweinefett 75 bis 78 vH, bei Talg 80 vH, bei Margarine 84 vH, bei eingeführtem Speck 85 vH, bei eingeführtem Schmalz 95 vH.
(2) Auch unvermischte Pflanzenfette.
(3) Speck, Schmalz, Talg.
(4) Ohne den Ertrag aus dem deutschen Walfang (1936/37 33 000 t, 1937/38 92 000 t und 1938/39 86 000 t Walöl). Die Vorratshaltung ist bei den Zahlen über die Inlandserzeugung nicht berücksichtigt.

Quelle: Statistisches Jahrbuch für das Deutsche Reich. - Statistisches Handbuch von Deutschland. - H.v.d. Decken, Entwicklung der Selbstversorgung Deutschlands mit landwirtschaftlichen Erzeugnissen. Berlin 1938. - Unveröffentlichte Angaben der Hauptvereinigung der deutschen Milch- und Fettwirtschaft.

Der hohe Grad der Auslandsabhängigkeit machte die Fettwirtschaft von vornherein zu einem Brennpunkt der auf Autarkie gerichteten nationalsozialistischen Wirtschaftspolitik. Darüber hinaus war die Frage der Fettpreise im Laufe der Deflationskrise von zentraler Bedeutung für die gesamte Veredelungswirtschaft geworden. Zwar hatte die Krise den Fettverbrauch nicht gemindert und auch keine wesentlichen Änderungen in seiner Struktur hervorgerufen, doch hatte das grosse Angebot von Margarine zu ausserordentlichen Preisnachlässen für Butter gezwungen, da die starke Einkommensschrumpfung eine Tendenz zur Verlagerung des Verbrauchs von der Butter zur billigeren Margarine auslöste (vgl. Schaubild 17).

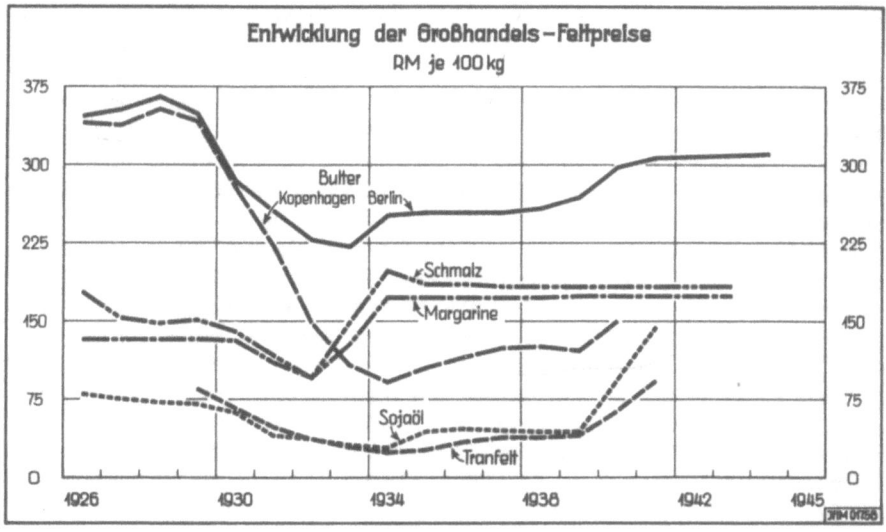

Schaubild 17

Ähnlich, wenn auch weniger stark, wurden die Preise für Schlachtfette beeinträchtigt, die mit den billigsten Margarinesorten konkurrieren mussten. Die deutsche Fetterzeugung, die praktisch nur mit Butter und Schlachtfetten an der Versorgung beteiligt war, war also von sehr starken Preisrückgängen betroffen worden, die sich über die Schweinepreise auch auf die Verwertung der Kartoffel- und Getreideernten auswirkten. Diese Lage war der Ausgangspunkt für eine Reihe von staatlichen Eingriffen in die Fettwirtschaft, die unter der Bezeichnung "Fettplan" zusammengefasst wurden.

b) Einschränkung und Verteuerung des Margarineverbrauchs zur Hebung des Absatzes und der Preise für Inlandfette

Zur Verminderung des preisdrückenden Angebots von Speisefetten ausländischer Herkunft wurde im Frühjahr 1933 die Produktion von Margarine, Kunstspeisefett, Speiseöl, pflanzlichem Speisefett und gehärtetem Tran auf 60 vH der Erzeugung im letzten Quartal 1932 kontingentiert. Zur Ergänzung dieser Massnahme wurde ein Öl- und Fettmonopol errichtet, das zuerst im wesentlichen auf die pflanzlichen Öle und Fette sowie auf Tran beschränkt war, später aber auch auf Schweinefett und Talg ausgedehnt wurde. Trägerin dieses Monopols wurde die neu gegründete Reichsstelle für Öle und Fette, die später auch den Inlandsmarkt durch Vorratshaltung räumlich und zeitlich auszugleichen hatte. Durch die Befugnis des Reichsernährungsministers, Höchstmengen festzusetzen, bis zu denen die Reichsstelle Waren übernehmen durfte, war die Möglichkeit gegeben, die Einfuhr nach den verfügbaren Devisen und den auf Autarkie gerichteten Zielen der Wirtschaftspolitik zu regeln. Ölfrüchte und Ölkuchen wurden in das bereits bestehende Maismonopol einbezogen und von der Reichsstelle für Getreide bewirtschaftet.

Durch eine Steuer von RM 50,-- je 100 kg auf Margarine und ähnliche Speisefette wurde die preissteigernde Wirkung der Angebotsverknappung verstärkt und gleichzeitig der sich für die Speisefettindustrie aus der Verknappung ergebende Gewinn abgeschöpft. Reklameverbot für die Margarineindustrie und Deklarationszwang für Gastwirtschaften, Bäckereien und Konditoreien bei Verwendung von Margarine und dgl. sollten den Übergang kaufkräftiger Verbraucherschichten zu verstärktem Butterkonsum unterstützen, der durch die Verknappung und Verteuerung der Margarine angestrebt wurde. Darüber hinaus wurde die Margarineindustrie durch Einführung eines Verwendungszwanges für inländisches Neutralschmalz zur direkten Entlastung des Marktes für inländische Schlachtfette herangezogen.

Infolge dieser Massnahmen hat sich der Margarinepreis von April bis November 1933 nahezu verdoppelt. Auf einem Stand von 30 vH über Vorkrisenzeit wurde er stabilisiert und fast unverändert bis Kriegsende gehalten (vgl. Schaubild 17 und Übersicht 35). Eine entsprechende Entwicklung mussten die Preise für Schlachtfette nehmen, da sie im grossen ganzen auf dem gleichen Preisniveau mit der Margarine lagen und mit ihr weitgehend den gleichen Konsumentenkreis teilten. Die Kaufkraft war jedoch zunächst noch zu gering, um den Butterpreis in gleicher Weise zu heben. Immerhin stieg er von seinem Tiefstand im Frühjahr 1933 um rd. 45 vH; ab November 1934 wurde er auf einem Stand stabilisiert, der etwa 30 vH unter dem Vorkrisenpreis (1927 bis 1929) lag. Erst mit zunehmender Verbesserung des Lohneinkommens machte sich im Laufe der folgenden Jahre eine Nachfragesteigerung bemerkbar, die aber unter dem Festpreissystem preismässig nicht mehr zur Auswirkung kommen konnte. Mit Rücksicht auf die allgemeine Preispolitik wurde an den Preisen von Ende 1934 festgehalten. Da wegen der angespannten Devisenlage eine Vermehrung der Einfuhren nicht möglich war, musste zur Überwindung der Marktstörungen, die sich aus der unbefriedigten Nachfrage ergaben, ab 1937 durch Kontingentierung des Handels und Einführung von Kundenlisten bei den Einzelhändlern die Butterzuteilung bis zum Verbraucher geregelt werden. Die Butter war also praktisch schon im Frieden rationiert, allerdings in einer losen und wenig auffälligen Form. Von der Einführung von Bezugskarten wurde auf persönliches Eingreifen Hitlers Abstand genommen, obwohl das System der Kundenlisten sehr mangelhaft funktionierte.

Die allgemeine Verteuerung der Speisefette stellte natürlich für grosse Teile der Bevölkerung eine starke Belastung dar. Aus Mitteln der Fettsteuer wurde deshalb eine Fettverbilligung für Minderbemittelte durchgeführt. Diese Aktion erstreckte sich auf Arbeitslose, einen Teil der Kurzarbeiter, Unterstützungsempfänger, Sozialrentner und Kinderreiche. Sie umfasste zunächst etwa 1/3 der gesamten Bevölkerung. Mit Abnahme der Arbeitslosigkeit wurde jedoch der in Betracht kommende Kreis erheblich kleiner. Die Form, in der die Verbilligung durchgeführt wurde, wechselte mehrfach; zeitweise wurden Verbilligungsscheine ausgegeben, zeitweise Bezugsausweise für eine steuerbefreite Margarinesorte.

Übersicht 35: Grosshandelspreise für Speisefette und Margarinerohstoffe 1928 - 1944 (RM/100 kg)

Jahr	Butter, Berlin (1)	Butter, Kopenhagen (2)	Margarine (3)	Schmalz, Berlin (4)	Erdnussöl, Hamburg (5)	Kokosöl, Hamburg (5)	Sojaöl, Hamburg (6)	Tranfett, Berlin (7)
1928	364	353	132	148	85	85	72	.
1929	349	341	132	151	77	75	70	85
1930	284	277	131	140	67	66	62	.
1931	255	221	110	117	54	48	40	48
1932	227	148	95	95	52	41	36	36
1933	221	108	127	148	36	30	31	29
1934	251	91	172	198	.	22	28 (8)	24
1935	254	105	172	185	50	37	44	26
1936	254	115	172	185	47	37	46	34
1937	254	124	172	183	47	43	45	38
1938	257	125	172	183	45 (9)	42 (9)	44 (9)	38 (9)
1939	268	121	174	183	44 (9)	42 (9)	44 (9)	40 (9)
1940	298	150	174	183	94 (10)	63 (10)	94 (10)	63
1941	306	.	174	183	144	92	144	92
1942	307	.	174	183	.	.	.	.
1943	308	.	174	183	.	.	.	.
1944	309	.	.	.	.	.	.	.

(1) Ia Qualität bzw. feine deutsche Molkereibutter mit Fass ab Versandstation.
(2) Qualität L
(3) Mittelqualität frei Bahnstation bzw. Verkaufsstelle. Ab Mai 1933 einschl. Fettsteuer (RM 50,-- je 100 kg). An die minderbemittelte Bevölkerung wurde ab Mai 1933 verbilligte Margarine (geringere Qualität) für etwa RM 64,-- je 100 kg abgegeben.
(4) Bratenschmalz in Kübeln frei Verkaufsstelle.
(5) Raffiniert.
(6) Raffiniert netto, ohne Fass, ab Fabrik.
(7) Gehärtet, raffiniert, ohne Fettsteuer.
(8) Schätzung.
(9) Für die Margarineindustrie erhöhten sich die Preise durch eine Ausgleichsabgabe um 8 bis 10 RM.
(10) Preiserhöhung durch Fortfall der Ausgleichsabgabe und der Fettsteuer auf Margarine ausgeglichen.

c) Sonstige Massnahmen zur Förderung der inländischen Fettproduktion und ihre Bedeutung für die Fettversorgung im Kriege

Soweit es sich um die Produktion von Butter und Schlachtfetten handelt, sind diese Massnahmen schon in den Kapiteln über Milch und Schlachtvieh behandelt worden (1). Darüber hinaus nahm bei den Bestrebungen zur "Verengung der Fettlücke" die Ausweitung des Ölsaatenanbaues eine wichtige Stellung ein. Der Ölsaatenanbau hatte in Deutschland noch im vergangenen Jahrhundert einen beträchtlichen Umfang (um 1850 etwa 380 000 ha) und war eine der wichtigsten Fettquellen. Die Möglichkeit zur Einfuhr billiger Ölfrüchte einerseits und die ungünstigen Eigenschaften unserer Ölsaaten andererseits - vor allem das starke Auswintern und die grosse Zahl von Schädlingen - haben den Ölfruchtbau mehr und mehr zu Gunsten ertragreicherer Pflanzen zurückgedrängt; 1932/33 war er mit 5 000 bis 6 000 ha völlig bedeutungslos geworden. Eine Wiedereinschaltung der Ölfrucht in den Anbau war unter diesen Umständen nur bei aussergewöhnlich starken Preissteigerungen möglich.

Durch die Verteuerung der Margarine waren die Voraussetzungen für eine erhebliche Preissteigerung bereits gegeben. Durch Zahlung von Ausgleichsbeträgen in Höhe der Fettsteuer (RM 50,-- je 100 kg Öl) bei Verarbeitung deutscher Ölsaaten wurden die Ölmühlen zunächst in die Lage versetzt, einen Mindestpreis von RM 30,-- je 100 kg Raps und RM 22,-- je 100 kg Leinsaat zu zahlen gegenüber 12 bis 16 RM bzw. etwa 12 RM vorher. Auf diese Weise wurden die deutschen Ölfruchtbauern ebenso wie die Schweinefett- und Milchfettproduzenten in den Genuss der erhöhten Fettpreise gebracht. Im Laufe der Jahre, vor allem während des Krieges, wurden die Preise dann noch mehrfach erhöht und erreichten schliesslich die drei- bis vierfache Höhe von 1932/33 (vgl. Übersicht 36 und Schaubild 18).

Die Preiserhöhungen wurden im wesentlichen durch Aufwendung öffentlicher Mittel ermöglicht. Die Gesamtsumme der Subventionen für den Ölfruchtanbau betrug im Jahre 1943/44 etwa 100 Mill. RM. Neben dem hohen Preis war die Rücklieferung der anfallenden Ölkuchen ein besonderer Anreiz zum Ölsaatanbau. Während des Krieges wurden ausserdem Naturalprämien in Form von Speisefett gewährt, die eine nicht zu unterschätzende Wirkung ausgeübt haben. Ausser allen wirtschaftlichen Anreizen bestanden jedoch weitere Antriebe, die nicht übersehen werden dürfen. Das waren die mit allen Mitteln betriebene Propaganda und die an Zwang grenzenden Beeinflussungsmethoden der Organe des Reichsnährstandes. In Wirklichkeit bestand - wenigstens während des Krieges - eine inoffizielle Anbauauflage, der sich praktisch kein Landwirt entziehen konnte.

Tatsächlich hat der Anbau von Ölsaaten eine ausserordentliche Ausweitung erfahren. Die Anbaufläche von Raps und Rübsen ist von 5 000 bis 6 000 ha auf 50 000 bis 60 000 ha in den Vorkriegsjahren und trotz mehrfacher starker Rückschläge durch Auswinterungen während des Krieges weiter auf 360 000 ha gestiegen. Auch bei Lein und Mohn war die Produktionserweiterung beträchtlich, desgleichen bei Hanf, der in den letzten Kriegsjahren auf etwa 16 000 ha im alten Reichsgebiet angebaut wurde. Lein und Hanf wurden auch als Faserpflanzen besonders gefördert, und zwar sowohl durch die Preisgestaltung für das Stroh als auch durch Naturalprämien in Form von Leinen und Seilerwaren.

---

(1) Vgl. S. 78, 81 bis 87 und 95 ff.

Übersicht 36: Preise, Anbau und Ernten von Ölsaaten 1932/33 - 1944/45 (1)

Wirtschafts-jahr	Raps und Rübsen				Leinsaat			Mohn			Vergünstigungen für Ölsaatanbauer
	Erzeuger-preis(2) RM je 100 kg	Anbau-fläche (3) 1000 ha	Ernte-fläche 1000 ha	Ernte 1000 t	Erzeuger-preis(2) RM je 100 kg	Ernte-fläche 1000 ha	Ernte 1000 t	Erzeuger-preis(2) RM je 100 kg	Ernte-fläche 1000 ha	Ernte 1000 t	
1932/33	.	.	6,0	7,4	(12)	.	.	.	.	.	1) Rücklieferung von Ölkuchen
1933/34	30	.	5,1	6,7	22	4,9	3,2	.	.	.	2) Ab 1940 Anbau-prämie in Form von Speiseöl oder -fett
1934/35	30	27,5	26,7	42,1	24	8,8	.	.	2,7	.	3) Ab 1943 Sonder-zuteilung von Stick-stoffdünger für Mehr-anbau gegenüber 1941 (30 kg/ha).
1935/36	32	47,9	47,0	80,9	26	22,3	16,6	.	.	.	
1936/37	32	55,4	54,6	100,2	26	44,1	32,4	65	2,6	.	
1937/38	32	58,9	49,9	79,3	32	56,9	41,3	68	5,6	.	
1938/39	32	62,5	61,9	128,3	32	44,9	22,8	80	3,8	.	
1939/40	40	56,1	43,8	75,7	38	49,2	26,4	80	.	.	
1940/41	40	85,7	46,7	65,0	38	83,2	50,2	80	17,4	.	
1941/42	45	164,1	147,5	261,7	38	65,5	37,5	80	16,8	.	
1942/43	50	212,6	91,2	122,5	38	72,2	48,5	90	64,9	62,6	
1943/44	51	302,4	293,9	551,8	38	76,6	52,1	91	35,9	37,6	
1944/45	.	374,4	360,5	515,5	.	76,0	47,1	.	41,2	34,2	

(1) Reichsgebiet von 1937.
(2) Ab 1933/34 Erzeugerpreise für inländische Ölsaaten frei Bahnstation des Erzeugers; ab 1941/42 (bei Mohn ab 1942/43) Preise für Ware, die auf Grund von Anbauverträgen abgeliefert wurde. Die Preise ohne Anbauvertrag lagen für 1941/42 um RM 5,--, danach um RM 10,-- niedriger.
(3) Gesamte bestellte Fläche, also einschl. der ausgewinterten Flächen.

Quelle: Statistisches Handbuch von Deutschland. - Statistisches Jahrbuch für das Deutsche Reich. - Vierteljahreshefte zur Statistik des Deutschen Reichs. - Wirtschaft und Statistik.

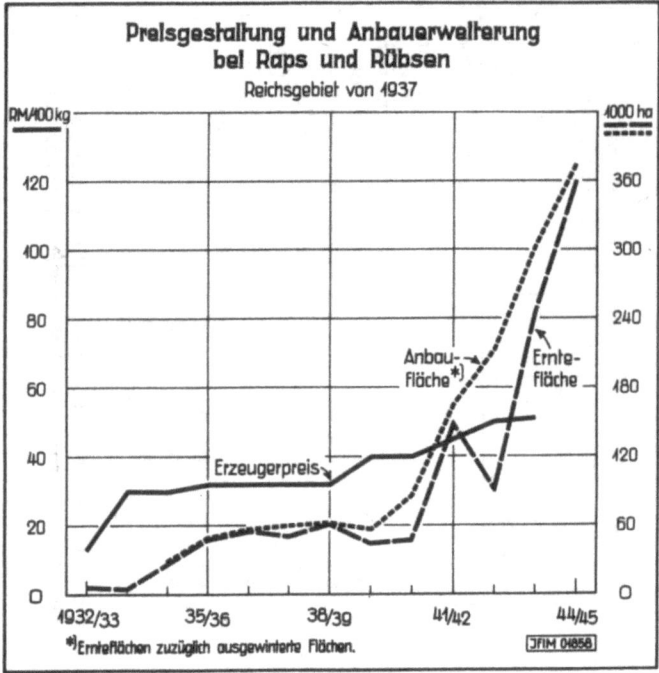

Schaubild 18

Eine weitere Massnahme zur Steigerung der eigenen Fetterzeugung war die Beteiligung am Walfang. Sie war in der Hauptsache durch den Devisenmangel diktiert. Die ersten deutschen Fangeinheiten liefen 1936/37 aus und brachten einen Ertrag von 35 000 t Walöl. In den nächsten beiden Jahren wurde der Ertrag auf 92 000 bzw. 86 000 t gesteigert. Mit Ausbruch des Krieges kam der deutsche Walfang wieder zum Erliegen.

Schliesslich ist in diesem Zusammenhang auch die synthetische Herstellung von Fettsäuren und Fetten zu erwähnen. Sie ist in einem praktisch zur Wirkung kommenden Umfang erst während des Krieges entwickelt worden, und zwar zum Teil in Zusammenhang mit der synthetischen Benzinherstellung. Synthetisch gewonnene Fettsäuren wurden ab 1940 in grösserem Ausmasse (etwa 40 000 t jährlich) in der Seifen- und Waschmittelindustrie verwendet. In geringerem Umfang wurden die Fettsäuren durch Veresterung mit Glyzerin zu Fett weiter verarbeitet, das für die Margarineerzeugung benutzt wurde (etwa 3 000 t jährlich).

Die verschiedenen Massnahmen zur Steigerung der deutschen Fettproduktion - so unwirtschaftlich und den Verbrauch behindernd sie in vieler Hinsicht im Frieden waren - hatte jede für sich hervorragende Bedeutung für die Fettversorgung im Kriege. Zusammengenommen haben sie die deutsche Fettwirtschaft bei dem weitgehenden Fortfall der Zufuhren von aussen vor dem Zusammenbruch bewahrt. Die Steigerung der Butterproduktion um jährlich fast 100 000 t Reinfett gegenüber der Vorkriegszeit allein im alten Reichsgebiet spielte mengenmässig dabei die grösste Rolle (vgl. Übersicht 34 und Übersicht 30). Sie war allerdings keine echte Erzeugungssteigerung, sondern beruhte weitaus überwiegend darauf, dass ein Teil des früher in Form von Milch und Käse "unsichtbar" verzehrten Milchfettes in Butter umgewandelt und damit dem "sichtbaren" Fettverbrauch zugeführt wurde. Immerhin ist aber schon die weitgehende Aufrechterhaltung der Milchproduktion während des Krieges als Erfolg anzusprechen. Für die Versorgung in den Jahren 1943 bis 1945 war die Steigerung der Erzeugung von Margarinerohstoffen durch Ausweitung des Ölsaatenanbaues ausschlaggebend (vgl. Übersicht 36 und Übersicht 34). Im Gegensatz zur Butter handelte es sich hier um eine echte Mehrerzeugung von Fetten, die allerdings nur mit grossem finanziellem Aufwand zu erreichen war. Der Ölsaatenanbau war jedoch nicht nur eine teuere, sondern - wie die mehrfachen Rückschläge durch Auswinterung gezeigt haben - auch eine recht unsichere Versorgungsgrundlage was im Kriege noch stärker ins Gewicht fällt als der Preis. Vermehrte Buttererzeugung und erweiterter Ölsaatenanbau haben den verminderten Anfall von Schlachtfetten ausgleichen können und zusammen mit den Vorräten eine verhältnismässig gute gleichmässige Versorgung mit "sichtbaren" Ernährungsfetten ermöglicht. Sehr gross war jedoch die Schrumpfung des Verbrauchs von "unsichtbarem Fett" in der Milch, im Käse, im Fleisch, in Fischen, Eiern und vielerlei anderen Nahrungsmitteln. Für die Gesamtfettwirtschaft war schliesslich die rigorose Einschränkung des industriellen Fettverbrauchs durch Einschränkung der Seifen- und Farbenherstellung und ihre Umstellung auf Ersatzstoffe, die teils synthetisch gewonnen wurden, mit von ausschlaggebender Bedeutung (vgl. Übersicht 34 und Schaubild 16).

7. Schlachtvieh und Fleisch

a) Die Entwicklung des Vieh- und Fleischmarktes nach der Deflationskrise

Die Schlachtviehpreise hatten während der Deflationskrise einen ausserordentlichen Tiefstand erreicht. Da das Vieh, sobald es schlachtreif ist, an den Markt gebracht werden muss, mussten sich die Preise der schrumpfenden Kaufkraft anpassen und so lange nachgeben, bis das gesamte Angebot Aufnahme fand. Eine Verminderung der Erzeugung war in grösserem Umfang nicht möglich, weil eine anderweitige Verwertungsmöglichkeit für die anfallenden Futtermengen nicht gegeben war. Diese Unelastizität des Angebots bei bekanntlich grosser Elastizität des Fleischverbrauchs brachte es mit sich, dass der Preissturz beim Schlachtvieh weit grösser war als bei den meisten anderen Agrarerzeugnissen (vgl. Schaubild 19). Trotz geringer Kaufkraft war daher die Fleischversorgung der Bevölkerung während und in den ersten Jahren nach der Krise verhältnismässig reichlich, während sich die Viehwirtschaft in einem aussergewöhnlichen Notstand befand. Zur Aufbesserung der Schlachtviehpreise wurden in den Jahren 1933/34 eine Reihe verschiedenartiger Massnahmen ergriffen. So wurden die Zölle für Lebendvieh und Schlachtfette heraufgesetzt. Die Schweinefettextraktion wurde eingeführt. Im Rahmen des sogenannten Fettplanes (1) wurde die Verwendung von inländischem Neutralschmalz bei der Margarineherstellung gesetzlich vorgeschrieben und durch Befreiung entsprechender Mengen von der neu eingeführten Fettsteuer im Preis begünstigt. Die Hersteller von Neutralschmalz wurden verpflichtet, ihren Bedarf an Schweinen und Schweineteilen jeweils an den Märkten zu decken, wo ein übermässiges Angebot einen Preissturz herbeizuführen drohte. Die Reichsstelle für Tiere und tierische Erzeugnisse nahm Stützungskäufe vor und lagerte die Erzeugnisse

---

(1) Vgl. hierzu S. 89 f.

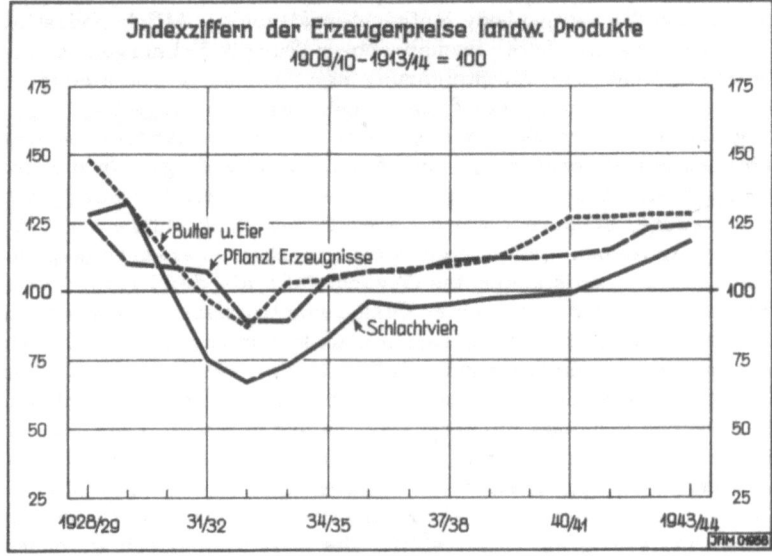

Schaubild 19

in Kühlhäusern und als Konserven ein, um sie bei knappem Angebot wieder auf den Markt zu werfen. Die in den meisten deutschen Ländern bestehende Schlachtsteuer wurde gesenkt.
Zusammen mit dem zunächst noch langsamen Wiederansteigen der Kaufkraft hatten diese Massnahmen ein stetiges Ansteigen der Schlachtviehpreise zur Folge, obwohl das Angebot durch stärkere Rinderabschlachtungen wegen der schlechten Futterernte 1934 weiter anstieg. Als mit dem Weideauftrieb 1935 die Angebotssteigerung vorüber war, machte sich ein starker Preisauftrieb bemerkbar. Er war der Ausdruck der grundsätzlichen Lageveränderung am Schlachtvieh- und Fleischmarkt. Das weitere starke Wachsen der Kaufkraft führte bei der grossen Elastizität des Fleischverbrauchs zwangsläufig zu einer steigenden Nachfrage, zumal die Verbraucherpreise im Rahmen der allgemeinen Preispolitik auf einem gleichbleibenden niedrigen Stand gehalten wurden. Auf der anderen Seite sollte die Viehproduktion im wesentlichen auf die eigene Futtererzeugung beschränkt werden, womit von vornherein die Möglichkeit einer starken Produktionsausweitung auf absehbare Zeit ausgeschlossen wurde. Da der Versorgung mit Brot, Getreide und Speisekartoffeln der Vorrang vor der Fleischversorgung gegeben wurde, mussten die Schlachtviehpreise überdies verhältnismässig niedrig gehalten werden. Für die Marktordnung ergab sich also die Aufgabe, bei festen Preisen einen Ausgleich zwischen dem begrenzten Angebot und der mit der Kaufkraft steigenden Nachfrage herzustellen. Die im Jahre 1935 zunächst festgesetzten Höchstpreise für Schlachtvieh wurden bald unter Umgehung der Märkte überzahlt. Um ein weiteres Ansteigen der Fleischpreise zu verhindern, wurde ein Preisstop für die wichtigsten Fleischarten und Fleischwaren des Massenverbrauchs ausgesprochen, der ein Zusammendrängen der Handels- und Verarbeitungsspanne zur Folge hatte. Auf die Dauer mussten sich aber Preisvorschriften allein als unzureichend erweisen. Zur Behebung der Spannungen war neben einer differenzierten Preisfestsetzung eine umfangreiche Regelung des Warenverkehrs notwendig.

Übersicht 37: Preisindexziffern der aus der Landwirtschaft zum Verkauf gelangenden Erzeugnisse 1928/29 - 1943/44 (1909/10 - 1913/14 = 100)
Zahlen zu Schaubild 19, S. 96

Jahr (Juli - Juni)	Pflanzliche Erzeugnisse	Schlachtvieh	Butter und Eier
1928/29	126	128	148
1929/30	110	132	132
1930/31	109	103	113
1931/32	107	75	97
1932/33	89	67	87
1933/34	89	73	103
1934/35	105	83	104
1935/36	107	96	107
1936/37	107	94	108
1937/38	111	95	109
1938/39	112	97	111
1939/40	112	98	118
1940/41	113	99	127
1941/42	115	105	127
1942/43	123	111	128
1943/44	124	118	128

Quelle: Statistisches Jahrbuch für das Deutsche Reich. - Wirtschaft und Statistik.

b) Die Preis- und Marktordnung

Das Festpreissystem für Schlachtvieh, das ab 1935 entwickelt wurde, sah wie auch bei anderen Erzeugnissen der Landwirtschaft eine Staffelung nach der Güte, eine örtliche Staffelung und bei Schweinen und Rindern eine jahreszeitliche Staffelung vor.
Für die Qualitätsstaffelung wurde das Schlachtvieh in Schlachtwertklassen eingeteilt. Diese erfolgte bei Schweinen im wesentlichen nach dem Lebendgewicht. Beim Rindvieh setzte sie allerdings eine eingehende Beurteilung voraus; die Grenzen zwischen den einzelnen Schlachtwertklassen waren daher fliessend. Zur Erreichung einer einheitlichen Beurteilung wurden an den Märkten Klassifizierungsausschüsse gebildet. Um die Beurteilung des Viehs und seine Zuweisung zu den einzelnen Schlachtwertklassen diesen besonders geschulten Ausschüssen vorzubehalten, wurde von einem Teil der Wirtschaftsverbände der Festkauf ab Hof verboten und die kommissarische Verwertung durch die Aufkäufer vorgeschrieben.
Die örtliche Staffelung erfolgte zunächst nach den grossen Märkten; von hier aus berechneten sich die Erzeugerpreise durch Abzug der Handels- und Frachtkosten. Die Viehwirtschaftsverbände setzten innerhalb ihres Bereichs auf dieser Grundlage die Preise für Verbrauchsgebiete ausserhalb der grossen Märkte fest. Die gebietliche Gliederung wurde dadurch sehr engmaschig. Schliesslich wurde noch ein Landpreis als Ab-Stations-Preis festgelegt, der die bevorzugte Belieferung benachbarter Käufer verhindern sollte.
Diese weitgehende Preisdifferenzierung war notwendig, um den räumlichen Ausgleich bei dem vielfach unzureichenden Angebot zu unterstützen.
Die jahreszeitliche Staffelung sollte die Saisonschwankungen in der Anlieferung mildern, indem sie einen Ausgleich für höhere Produktionskosten

in bestimmten Monaten des Jahres bot. Sie rief allerdings häufig Störungen an den Märkten hervor, weil sie stossweise Lieferungen vor den Preissenkungen und nach den Preiserhöhungen bzw. unzureichende Lieferungen in den umgekehrten Fällen verursachte. Sie wurde im Laufe des Krieges aufgehoben.
Wie die Viehpreise wurden auch die Handels- und Verarbeitungsspannen sowie die Fleischpreise im Gross- und Einzelhandel gesetzlich festgelegt.

Aber selbst diese besonders in räumlicher Hinsicht differenzierte Preisfestsetzung konnte einen einwandfreien räumlichen Ausgleich allein noch nicht herbeiführen. Bei Verknappung bestand die Gefahr, dass das unzureichende Angebot hauptsächlich in den Erzeugungsgebieten selbst oder in deren Nähe aufgenommen wurde und die grossen Industriegebietsmärkte verödeten. Um das zu verhindern, mussten Möglichkeiten zur Verbrauchsdrosselung und zur Lenkung des Warenstroms geschaffen werden.
Die Regelung des Verbrauchs und der Nachfrage an den Viehmärkten erfolgte durch die Schlachtkontingentierung. Sie ermöglichte nicht nur eine gleichmässige räumliche Verteilung bei knappem Angebot, sondern erlaubte auch durch die zeitliche Veränderung der Kontingentsätze eine Anpassung der Nachfrage an die langfristigen Schwankungen des Angebots. Auch konnte z. B. bei schwächerem Anfall von Schlachtschweinen und grösserem Angebot von Schlachtrindern durch entsprechende Festsetzung der Kontingentsätze die Nachfrage der Verarbeitungsbetriebe von dem Schweine- auf den Rindermarkt gelenkt werden und umgekehrt.
Die Schlachtkontingentierung war auch der Angelpunkt der Warenlenkung, denn auf Grund der Kontingentsätze konnten die Organe der Marktordnung den Bedarf für Schlachtvieh für ihren Bereich vorhersehen. An jedem Markt waren nur bestimmte Verkäufer, in erster Linie Agenturen, zugelassen. Diese erhielten ein Auftriebskontingent als Grundkontingent. Zu jedem Markttag wurde ihnen auf Grund des geschätzten Bedarfs und ihres Grundkontingents die zu liefernde Menge Schlachtvieh mitgeteilt. Auf der anderen Seite bestand für die Erzeuger bzw. die Aufkäufer von Schlachtvieh eine Voranmeldepflicht für alle Sendungen an die Märkte. Die Organe der Marktordnung waren berechtigt, bei Nichtaufnahmefähigkeit des betreffenden Marktes der Lieferungsabsicht entgegenstehende Verschickungsanweisungen zu erteilen. An Orten mit grösserem Bedarf, die nicht über einen organisierten Schlachtviehmarkt verfügten, waren Verteilungsstellen eingerichtet, bei denen die Erzeuger und Ankäufer ihre Lieferungsabsichten voranzumelden hatten und mit deren Vermittlung die Verarbeiter ihren Bedarf decken mussten.

Vorübergehende Spitzen, die trotz dieser weitgehenden Regelung in der Beschickung der Märkte auftraten, wurden durch Vorratskäufe und Kühleinlagerung der Reichsstelle für Tiere und tierische Erzeugnisse oder durch Verpflichtung der Fleischwarenindustrie zu erhöhter Verarbeitung auf Dauerware aufgefangen. Entsprechend wurden mangelnde Anlieferungen durch Verkäufe der Reichsstelle ausgeglichen. Die Reichsstelle für Tiere sorgte auch für den langfristigen Ausgleich des Angebots durch Aufbau und Abbau von Fleischvorräten und durch Regelung der Einfuhr.
Durch die Schlachtkontingentierung, die Regulierung des Warenstroms zu den Märkten und die ausgleichende Tätigkeit der Reichsstelle für Tiere war also ein System geschaffen worden, das eine räumlich und zeitlich ausgeglichene Verteilung auch bei knappem Angebot ermöglichte. Dadurch wurden Anreize zur Verbrauchssteigerung, die sonst zeitweise oder örtlich vorhanden gewesen wären, weitgehend vermieden. Es gelang auf diese Weise,

bei gleichbleibend niedrigen Verbraucherpreisen und stark steigender Kaufkraft den Fleischverbrauch in den durch die Produktionsmöglichkeiten gesetzten Grenzen zu halten, ohne dass grössere Reibungen am Markt entstanden (vgl. Schaubild 20 sowie Übersichten 38 und 39).

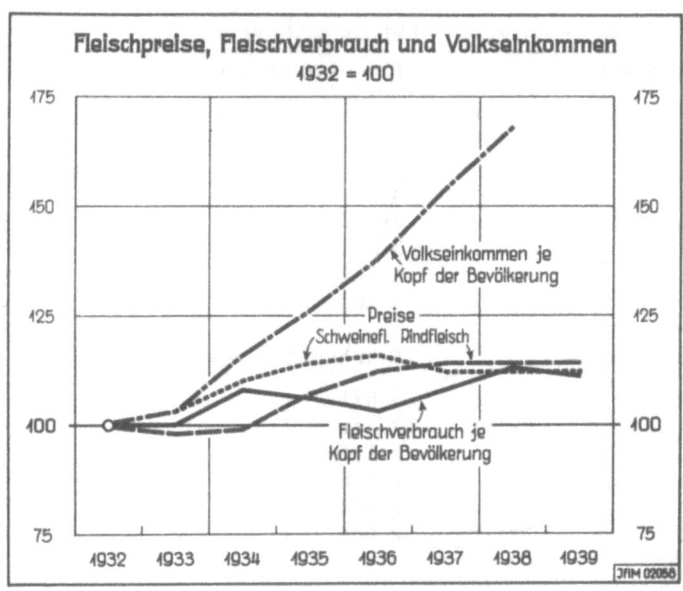

Schaubild 20

Übersicht 38: Einzelhandelspreise für Fleisch 1932 - 1944 im Durchschnitt von 72 Gemeinden (RM/kg)

Jahr	Schweinefleisch	Rindfleisch	Kalbfleisch	Hammelfleisch
1932	1,46	1,47	1,60	1,66
1933	1,50	1,44	1,56	1,60
1934	1,61	1,46	1,60	1,72
1935	1,67	1,58	1,81	1,91
1936	1,70	1,65	2,17	2,21
1937	1,63	1,67	2,09	2,22
1938	1,63	1,67	2,06	1,88
1939	1,63	1,67	2,06	1,84
1940	1,63	1,67	2,07	1,89
1941	1,63	1,67	2,06	1,94
1942	1,63	1,67	2,06	1,94
1943	1,63	1,67	2,06	1,94
1944 (1)	1,63	1,67	2,05	1,94

(1) Januar bis September.

Quelle: Wirtschaft und Statistik.

Übersicht 39: Der Fleischverbrauch 1932 - 1943/44

Jahr	Fleischverbrauch (1)			
	insgesamt 1 000 t		je Kopf der Bevölkerung kg	
	a)	b)	a)	b)
Januar/Dezember	Reichsgebiet von 1937			
1932	2 734	.	42,1	.
1933	2 742	.	42,1	.
1934	2 979	.	45,4	.
1935	2 973	3 092	44,5	46,3
1936	2 938	3 032	43,6	45,0
1937	3 115	3 204	45,9	47,2
1938	.	3 332	.	48,6
1939	.	3 305	.	48,0
September/August	Reichsgebiet vom 1. 9. 1939			
1938/39	.	3 671	.	46,2
1939/40	.	3 335	.	41,7
1940/41	.	3 132	.	38,9
1941/42	.	2 636	.	32,6
1942/43	.	2 524	.	31,2
1943/44	.	2 284	.	28,2

(1) Ohne Schlachtfette und ohne Innereien. Für 1932 bis 1939: Schweine-, Rind-, Kalb-, Schaf-, Ziegen- und Pferdefleisch. Für 1938/39 bis 1943/44: Fleisch im Sinne der Bewirtschaftung.

Zu a): Für Hausschlachtungen und gewerbliche Schlachtungen wurde ein einheitliches Schlachtgewicht angenommen. Ab 1938/39 liegt eine geänderte Methode in der Berechnung des Schlachtgewichts zugrunde, die jedoch die Vergleichbarkeit mit den vorhergehenden Angaben nicht wesentlich stört.

Zu b): Diese Zahlen sind nach einer berichtigten Methode berechnet worden. Ihnen liegt ein höheres Schlachtgewicht für die hausgeschlachteten Schweine zugrunde. Für die Zeit vor 1935 liegen Angaben nach dieser Methode nicht vor.

Quelle: Statistisches Jahrbuch für das Deutsche Reich. - Unveröffentlichte Angaben des ehemaligen Reichsernährungsministeriums.

Der Übergang zur kriegsmässigen Bewirtschaftung erforderte nur verhältnismässig geringe Umstellungen und Ergänzungen in der Organisation der Marktordnung. Die Nachfrage wurde durch unmittelbare Rationierung des Verbrauchs bestimmt. Die Verteilung wurde mit Hilfe des Bezugscheinwesens geregelt. Die Schlachtkontingentierung konnte infolgedessen fortfallen. Das System der Märkte und Verteilungsstellen wurde durch Einrichtung von Verwiegestellen für kleinere Bezirke ergänzt. Um die Erfassung des schlachtreifen Viehs sicherzustellen, wurde das Beschlagnahmerecht eingeführt. Besondere Beauftragte bei den Kreisbauernschaften konnten nach Weisungen der Wirtschaftsverbände durch Einzelanordnungen an die Erzeuger Schlachtvieh für bestimmte Märkte und Verteilungsstellen zum Verkauf bringen.

Die Verarbeitung wurde zum Teil durch Herstellungs- und Verwendungsvorschriften geregelt. So wurde u.a. die Herstellung von Rohwurst und Fleischwaren bestimmter Art verboten, um die anfallenden Fleischmengen zu strecken. Zur Deckung des "sichtbaren" Fettbedarfs mussten die Verteilungsstellen für Fleisch und Fleischwaren 16 vH des Schlachtgewichtes von Schweinen in Form von Schlachtfetten verkaufen. Ausserdem mussten die Schlachtereien, die nicht unmittelbar an den Verbraucher verkauften, 5 kg Rohfette je Schwein abgeben. Von den gewerblich geschlachteten Rindern war der gesamte Talg zur Deckung des Fettbedarfs bereitzustellen. Die Menge des mit dem Fleisch und den Fleischwaren "unsichtbar" verzehrten Fettes wurde damit erheblich eingeschränkt zugunsten der offizellen Fettzuteilung.

c) Wichtige markt- und preispolitische Massnahmen

aa) Regulierung des Ausmästungsgrades der Schweine durch die Preise

In Zeiten der freien Preisbildung wies der Schweinebestand Deutschlands mehrjährige periodische Schwankungen von erheblichen Ausmassen auf. Sie waren in der Hauptsache durch die gegenläufige Entwicklung der Preise für Schlachtschweine bedingt. Ein hoher Schweinebestand verursachte durch grosses Angebot niedrige Preise, die zur Einschränkung des Schweinebestandes führten. Das verminderte Angebot verursachte ein Wiederansteigen der Preise, das nach einer gewissen Zeit wieder eine Vermehrung des Schweinebestandes herbeiführte usw.

Diese Konjunkturbewegung von Schweinepreisen und Schweinebestand - der Schweinezyklus - wurde durch die Deflationskrise zunächst gestört und konnte unter dem Festpreissystem nicht mehr in der früheren Weise in Erscheinung treten. Da aber die Preise für Ferkel bis 1942 nicht unmittelbar gebunden waren, unterlagen sie gewissen Schwankungen, die sich auf die Fer-

Übersicht 40: Preise für 6 bis 8 Wochen alte Ferkel im Durchschnitt von 25 Märkten 1932 - 1942 (1) (RM/Stück)

Jahr	Jan.	Febr.	März	Apr.	Mai	Juni	Juli	Aug.	Sept.	Okt.	Nov.	Dez.	Jahresdurchschnitt
1932	10	12	13	13	11	11	9	10	9	8	9	9	10
1933	11	13	15	14	15	13	11	11	11	10	10	10	12
1934	13	14	14	14	13	12	10	10	9	10	11	11	12
1935	13	14	17	17	19	19	20	19	17	16	15	16	17
1936	18	19	20	20	20	19	17	16	14	12	12	12	17
1937	13	14	14	15	13	13	12	12	11	11	13	15	13
1938	19	21	24	24	25	24	22	22	20	19	20	22	22
1939	23	27	27	26	26	24	18	17	14	13	13	14	20
1940	14	17	23	22	21	20	20	18	16	13	13	15	18
1941	16	23	26	24	22	21	17	15	13	12	12	17	18
1942	20	20	28	27	23	21	17	15	16	19	26	33	22

(1) Wegen Schliessung verschiedener Märkte infolge Maul- und Klauenseuche sind für die Jahre ab 1938 die Zahlen für 25 Märkte nach den Ergebnissen von 10 Märkten fortgeschrieben. Im Laufe des Jahres 1943 sind von den meisten Preisbildungsstellen örtliche Richtpreise festgesetzt worden. Ab 10.12.1943 wurden Höchstpreise nach Gewicht einheitlich festgesetzt.

Quelle: Vierteljahreshefte zur Statistik des Deutschen Reichs.

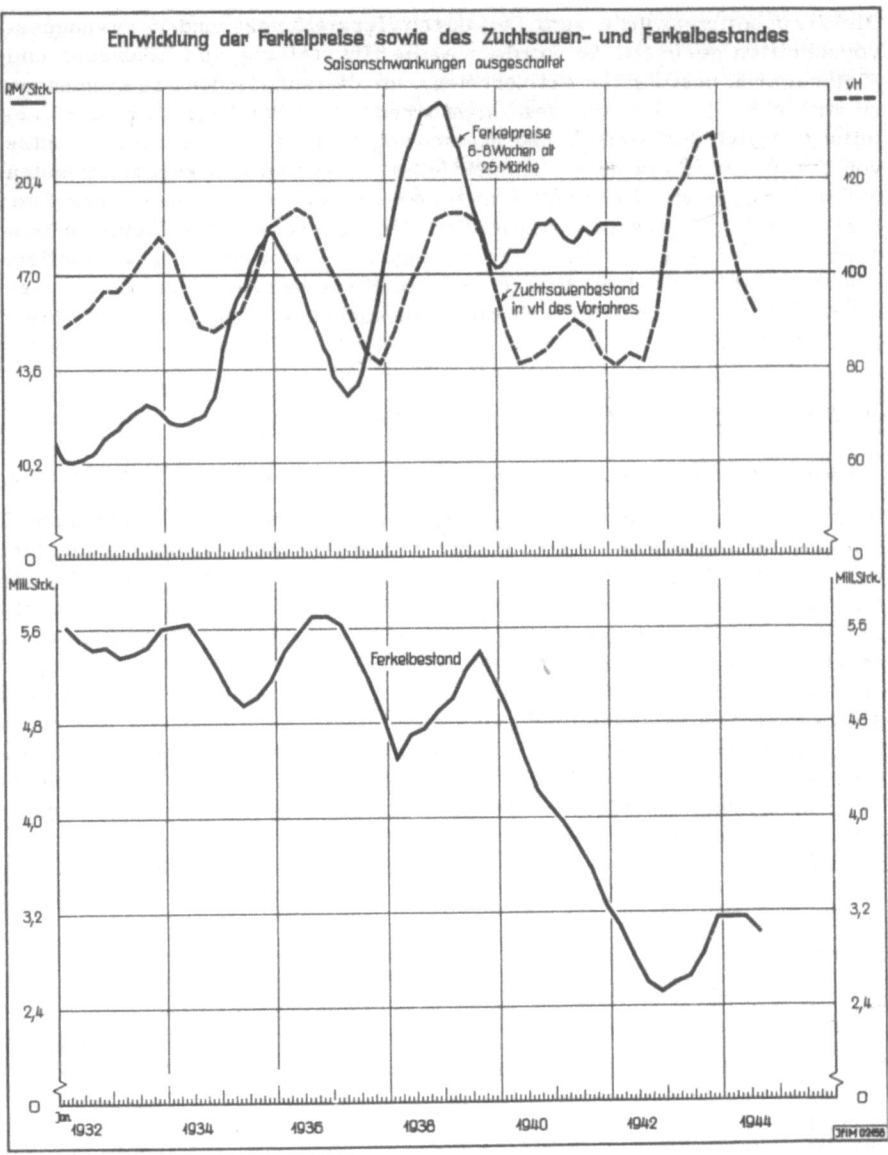

Schaubild 21

kelproduktion und damit auch auf den Umfang des Schweinebestandes auswirkten (vgl. Schaubild 21 und Übersicht 40).

Eine erste Aufwärtsbewegung der Ferkelpreise nach der Krise erfolgte 1935; sie ist offensichtlich durch die bereits erwähnte Hebung der Schlachtschweinepreise aus dem Krisentiefstand ausgelöst worden (vgl. Seite 95 f.).

Die nachfolgenden Schwankungen sind zum Teil durch die jeweilige Versorgungslage mit Mastfutter verschärft worden. So hat die bereits im Herbst 1936 gesteigerte Ablieferungspflicht und das Mitte 1937 ausgesprochene Verfütterungsverbot für Roggen (1) ohne Frage zu dem Tiefstand der Ferkel-

---

(1) Vgl. hierzu Seite 42

preise im Jahre 1937 beigetragen, während umgekehrt die Kartoffel-Rekordernte 1937 und die Getreide-Rekordernte 1938 eine grosse Nachfrage nach Ferkeln und ein starkes Anziehen der Ferkelpreise ausgelöst haben. Den Schwankungen der Ferkelpreise folgte regelmässig in 4 bis 6 Monaten eine entsprechende Veränderung des Bestandes an Zuchtsauen und in 7 bis 9 Monaten eine gleichlaufende Entwicklung des Ferkelbestandes. Der gesamte Schweinebestand erfuhr dadurch Veränderungen in der Grössenordnung von 2 bis 3 Mill. Stück, d.h. bei einem Bestande von 23 bis 26 Millionen um etwa 10 vH (vgl. Übersicht 41).
Mit Ausbruch des Krieges brach diese zyklische Bewegung ab. Obwohl die Ferkelpreise fast unverändert auf einem verhältnismässig hohen Stand verblieben, wurden Sauenbestand und Nachzucht in Anpassung an die Futterlage durch 3 Jahre hindurch laufend stark vermindert. Die Ferkelpreise waren also während des Krieges ohne Rückwirkung auf die Produktion; ausschlaggebend war allein die Futterlage, die durch die steigende Ablieferung von Kartoffeln und Getreide zum direkten menschlichen Verzehr laufend ungünstiger wurde. Erst 1943 wurde die Verminderung des Schweinebestandes vorübergehend zum Stillstand gebracht. Hierzu waren jedoch besondere Massnahmen erforderlich, auf die weiter unten näher eingegangen wird.

Noch stärker als die Schwankungen des Schweinebestandes waren die Schwankungen in der Menge des verfügbaren Futters. Im besonderen gilt das für die Kartoffeln. Da der anderweitige Bedarf an Kartoffeln im Frieden ziemlich konstant war, wirkten sich die Ernteschwankungen fast in vollem Umfange auf die zu verfütternden Mengen aus. So war die durch die Schweinemast zu verwertende Kartoffelmenge nach der Rekordernte von 1937 um rd. 50 vH grösser als im Durchschnitt des Jahrfünfts 1931 bis 1935 (1). Dabei ist die Kartoffel im Gegensatz zum Getreide nur in äusserst begrenztem Umfang lagerungsfähig; die Ernte muss also nahezu in vollem Umfange im Laufe eines Jahres verwertet werden. Während des Krieges kam hinzu, dass der Speisekartoffelbedarf von Jahr zu Jahr sprunghaft stieg und die zur Verfütterung verbleibende Menge in entsprechender Weise abnahm.

Die zahlenmässigen Schwankungen des Schweinebestandes einerseits und die teils naturgegebenen, teils durch den Kriegsernährungsbedarf bedingten Schwankungen der zur Verfütterung verbleibenden Erntemengen andererseits brachte von Jahr zu Jahr erhebliche Veränderungen der je Schwein zur Verfügung stehenden Futtermengen mit sich (vgl. Schaubilder 22 und 23 sowie Übersicht 42). So waren nach den reichen Kartoffelernten von 1937 und 1938, die noch dazu mit rückläufigen Schweinebeständen zusammenfielen, 950 bis 1 000 kg Kartoffeln je Schwein verfügbar, während es nach den schlechten Ernten von 1941 und 1943 trotz des stark verminderten Schweinebestandes nur rd. 600 kg waren. Ein Ausgleich wurde durch verschieden starke Ausmästung der Schlachtschweine angestrebt. In den Jahren mit reichlicher Futterversorgung wurden die schweren Schweine im Preis begünstigt, um einen wirtschaftlichen Anreiz zu stärkerer Ausmästung der vorhandenen Tiere zu geben und damit auch eine gute Ausnutzung des vorhandenen Futters zu erreichen. Bei knapper Futterlage wurde diese Begünstigung wieder teilweise oder ganz aufgehoben. Im Kriege kam dieser Manipulation erhöhte Bedeutung zu, da einmal ein Ausgleich der Futterkartoffelmenge durch Getreide und andere Kraftfuttermittel nur in sehr engen Grenzen möglich war

---

(1) Vgl. hierzu S. 55, Übersicht 19.

Übersicht 41: Schweinebestand und Schweineschlachtungen 1932 - 1943 (1) (1 000 Stück)

Jahr	Bestände am 3. Dezember						Schlachtungen in dem auf die Zählung folgenden Jahr	
	Ferkel bis 8 Wochen alt	Jungschweine 8 Wochen bis 1/2 Jahr alt	Zuchteber über 1/2 Jahr alt	Zuchtsauen über 1/2 Jahr alt	Schlacht- u. Mastschweine über 1/2 Jahr alt	Schweine insgesamt	insgesamt	in vH des Gesamtbest.
1932	4 834	9 884	110	1 869	6 161	22 859	22 574	98,8
1933	5 126	10 353	112	2 015	6 285	23 890	23 787	99,6
1934 (2)	4 512	10 052	106	1 781	6 719	23 298	22 692	97,4
1935	4 768	9 583	109	1 958	6 408	22 827	23 055	100,9
1936	5 212	10 958	108	2 039	7 575	25 892	24 246	93,6
1937	4 083	10 029	87	1 657	7 991	23 847	22 034	92,4
1938	4 290	9 686	87	1 840	7 664	23 567	21 889	92,9
1939	4 943	10 558	88	1 869	7 782	25 240	20 469	81,1
1940	3 807	8 499	84	1 567	7 622	21 578	17 233	79,9
1941	3 003	6 906	68	1 302	7 024	18 303	12 391	67,7
1942	2 087	5 363	63	1 187	6 323	15 025	10 817	72,0
1943	2 937	6 109	98	1 531	5 874	16 549	.	.

(1) Reichsgebiet von 1937.
(2) Bis 1934 ohne Saarland.

Quelle: Statistisches Jahrbuch für das Deutsche Reich. - Statistik des Deutschen Reichs, Bd. 543, II. - Unveröffentlichte Sonderdrucke des Statistischen Reichsamts. - Statistische Monatsberichte des Reichsnährstandes.

Übersicht 42: Schweinebestand, verfügbare Futterkartoffelmenge und Preisbegünstigung der Fettschweine 1934/35 - 1943/44

September/ August	Schweinebe- stand Anfang September Mill. Stück	Zur Verfütterung verfügbare Kar- toffelmenge (1) Mill. t	Verfügbare Kartoffelmenge je Schwein kg	Mehrpreis für Fettschweine (über 150 kg lbd.) gegenüber Fleischschweinen (100 - 119,5 kg lbd.) RM/100 kg
			Reichsgebiet von 1937	
1934/35	25,0	18,4	736	durchschnittlich 4,60
1935/36	22,7	16,0	705	September 0,00, Oktober 3,80, ab Nov. 8,00
1936/37	26,0	19,9	765	bis 31.12. 8,00, ab 1.1. 2,00
1937/38	25,5	25,7	1008	bis 31.12. 2,00, ab 1.1. 8,00
1938/39	23,4	22,3	953	bis 7.10. 8,00, ab 8.10. 12,00
1939/40	25,3	20,6	814	bis 15.10. 12,00, ab 16.10. 2,00
			Reichsgebiet vom 1.9.1939	
1938/39	26,2	25,2	962	bis 7.10. 8,00, ab 8.10. 12,00
1939/40	29,0	23,1	797	bis 15.10. 12,00, ab 16.10. 2,00
1940/41	25,1	21,6	861	bis 22.9. 2,00, ab 23.9. 6,00
1941/42	22,2	13,4	604	bis 8.2. 6,00, ab 9.2. 2,00
1942/43	18,1	15,3	845	bis 6.12. 2,00, ab 7.12. 8,00
1943/44	18,6	11,0	591	bis 5.3. 8,00, ab 6.3. 2,00

(1) Vgl. Übersicht 19, S. 55.

Quelle: Statistisches Jahrbuch für das Deutsche Reich. - Unveröffentlichte Sonderdrucke des Statistischen Reichs- amts. - Statistisches Handbuch von Deutschland. - Wirtschaft und Statistik.

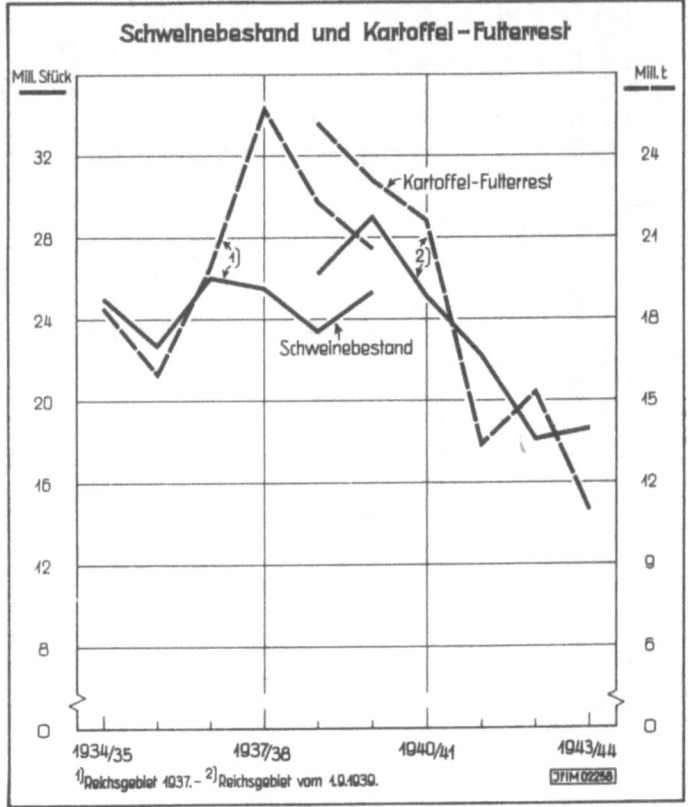

Schaubild 22

und zweitens die Deckung des grossen Speisekartoffelbedarfs unter keinen Umständen gefährdet werden durfte. Unter diesem Gesichtspunkt wurde Ende 1941 und Anfang 1942 überdies aus Reichsmitteln eine Prämie von anfänglich 14, später 12,-- RM für jedes zur Schlachtung gelieferte Schwein mit einem Lebendgewicht von mindestens 100 kg gezahlt. Damit wurde eine schnellere Abschlachtung der älteren Schlachtschweine erreicht und der vorhandene knappe Kartoffelvorrat für die Speisekartoffelversorgung und für die Nachzuchtschweine gesichert.

Die Zahlen über die durchschnittlichen Schlachtgewichte der gewerblich geschlachteten Schweine lassen die Auswirkung der Veränderungen in der Preisdifferenzierung zwischen Fett- und Fleischschweinen erkennen (vgl. Schaubild 23). Das Schlachtgewicht reagierte vor dem Kriege erstaunlich schnell auf die Preisveränderungen. Die Verstärkung der Preisbegünstigung für Fettschweine vom Herbst 1941 hat jedoch keine Schlachtgewichtssteigerung mehr bewirkt; da die Schlachtgewichte ab Oktober 1941 nicht mehr ermittelt worden sind, ist aber eine einwandfreie Feststellung, ob und in welchem Umfange der Preis seine Wirkung auf die Ausmästung der Schweine im Kriege verloren hat, nicht möglich.

Die verschieden starke Ausmästung der Tiere wirkte ihrerseits ausgleichend auf den Bestand an Mast- und Schlachtschweinen (vgl. Schaubild 24). Insbesondere wurde die Auswirkung der von Anfang 1937 bis Mitte 1938 anhaltenden Nachzuchtbeschränkung auf den Bestand von Mast- und Schlacht-

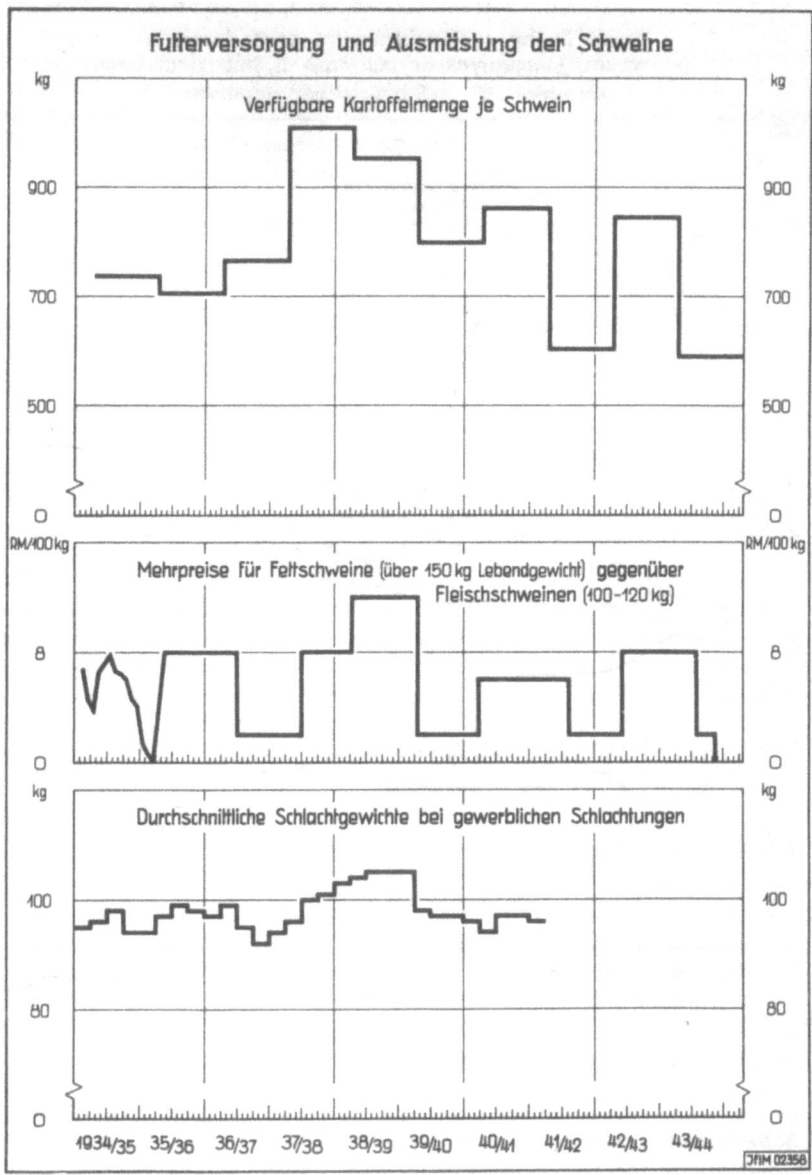

Schaubild 23

schweinen sehr weitgehend aufgehoben. Auch während des Krieges war der Rückgang des Bestandes bei den Mast- und Schlachtschweinen ungleich schwächer als bei den Ferkeln und Jungschweinen, allerdings aus anderem Grunde. Die Knappheit an Eiweissfutter machte nämlich ein schnelles Ausmästen junger Tiere unmöglich und verursachte eine erhebliche Verlängerung der Mastdauer.

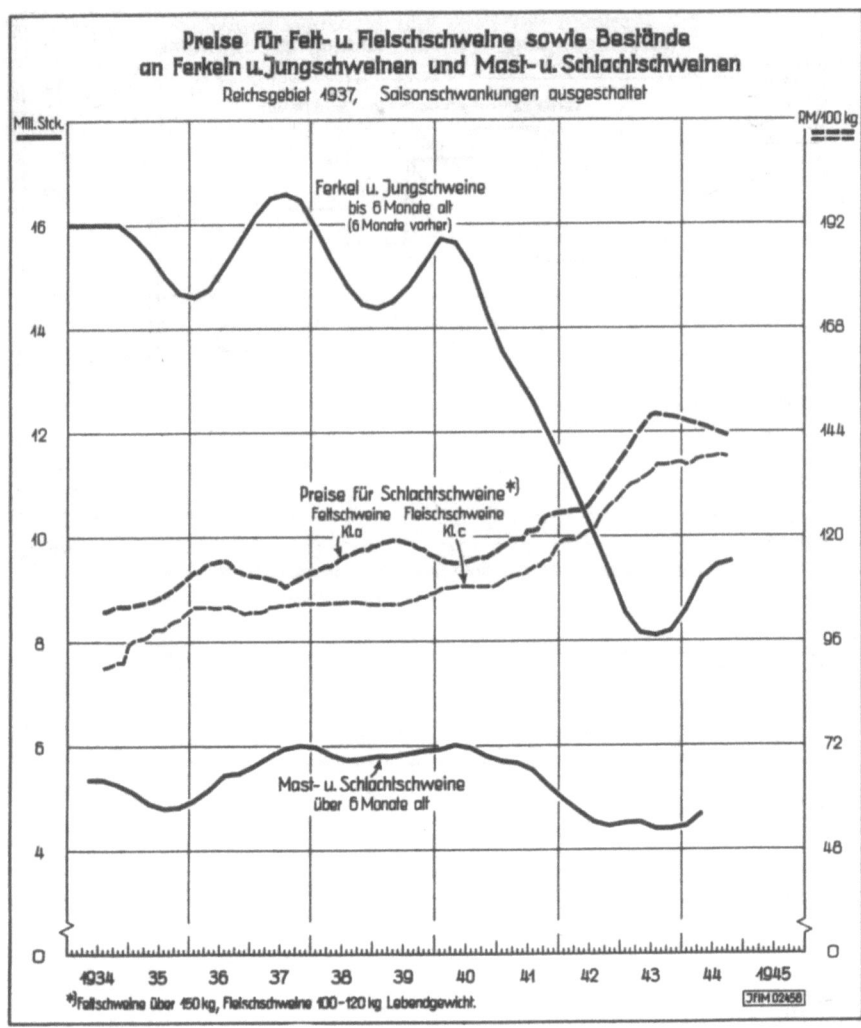

Schaubild 24

bb) Schweinemastverträge und Schafmastverträge

Seit 1936 hat die Reichsstelle für Tiere und tierische Erzeugnisse über den Viehhandel und die Viehverwertungsgenossenschaften in steigendem Umfange Schweinelieferungsverträge mit Schweinemästern abgeschlossen. Durch diese Verträge übernahm die Reichsstelle für Tiere die Lieferung bestimmter Futtermengen je Schwein aus den Beständen der Reichsstelle für Getreide und Futtermittel, während sich der Mäster zur Lieferung einer bestimmten Zahl von Schweinen von einem festgelegten Mindestgewicht je Schwein verpflichtete. Diese Verträge waren in zweierlei Hinsicht von Bedeutung. Sie ermöglichten eine Lenkung der Futtermittel und durch vertragliche Bindung der Lieferzeiten auch eine Steuerung der Marktauftriebe von Schlachtschweinen.

Die Lenkung der Futtermittel gewann vor allem dadurch an Bedeutung, dass ab 1936/37 der Roggen in steigendem Masse der Verfütterung entzogen und

durch andere Futtermittel ersetzt werden sollte (1). Die Schweinemastverträge ermöglichten dabei eine reibungslose Verteilung der Ersatzfuttermittel und boten gleichzeitig die Gewähr für ihre zweckmässige Verwendung. Die Lieferungszeiten für Schlachtschweine wurden in der Regel so gelegt, dass die saisonmässigen Auftriebsrückgänge der nicht vertraglich gebundenen Schweinemast ausgeglichen wurden.
Die Zahl der vertraglich gemästeten Schweine stieg von rd. 460 000 im Jahre 1936 auf etwa 1 Million in den letzten beiden Vorkriegsjahren. 1941 betrug sie 1,5 Mill., ging danach aber zurück; schliesslich wurden die Vertragsabschlüsse auf diejenigen Mäster beschränkt, die nicht genügend wirtschaftseigene Futtermittel zur Verfügung hatten. Das vorgeschriebene Mindest-Lebendgewicht der Tiere betrug je nach der allgemeinen Futterlage 100 bis 120 kg, ab 1943 nur noch 90 kg. Als Futtermittel wurden im allgemeinen Mais oder Gerste und Zuckerschnitzel geliefert, und zwar je nach dem festgesetzten Mindestgewicht der Tiere 200 bis 250 kg Getreide und 100 bis 150 kg Zuckerschnitzel je Tier; gegen Ende des Krieges war die zur Verfügung gestellte Futtermenge kleiner. Die im Rahmen des Vertrages gelieferten Futtermittel stellten also nur 50 bis 70 vH der zur Aufzucht und Mästung erforderlichen Menge dar. Der Rest musste von den Erzeugern aus der eigenen Wirtschaft aufgebracht werden. Er dürfte in der Regel hauptsächlich aus Hackfrüchten, Kartoffeln und Rüben bestanden haben.
In den Jahren 1943/44 wurden auch Mastverträge über Schafe abgeschlossen. Für jedes ausgemästete Tier, das in Erfüllung eines Mastvertrages geliefert wurde, wurde aus Reichsmitteln eine Ausmastprämie von RM 6,50 gezahlt. Eine Gegenlieferung von Futtermitteln wie bei den Schweinemastverträgen erfolgte nicht. Es handelte sich also lediglich um eine versteckte Preiserhöhung; an Prämien wurden 1943/44 2 Mill. RM aufgewendet.

cc) Die Erweiterung des Schweinebestandes 1942/43

Nach Ausbruch des Krieges war eine Verminderung der Schweinehaltung zur Anpassung an die verfügbaren Futtermittel unvermeidlich, denn es musste in erster Linie für die ausreichende Deckung des erhöhten Getreide- und Kartoffelbedarfs für die unmittelbare menschliche Ernährung gesorgt werden (2). Diese Einschränkung der Schweinehaltung vollzog sich zunächst auch reibungslos in dem notwendigen Umfange. Ab 1941 wurden jedoch die Verminderung des Sauenbestandes und die Beschränkung der Nachzucht in einem Umfange fortgesetzt, der die zukünftige Fleischversorgung gefährdete und befürchten liess, dass für die Ausnutzung einer guten oder auch nur mittelmässigen Futterernte nicht mehr die ausreichende Zahl von Schweinen zur Verfügung stehen würde. Diese Entwicklung war im wesentlichen auf die allgemeine Futterknappheit zurückzuführen, die sich durch die schlechte Kartoffelernte 1941 erheblich verschärft hatte. Insbesondere hatte aber der starke Mangel an Eiweissfutter (3) die Mastdauer verlängert und die Produktionskosten soweit erhöht, dass das Interesse an der Schweinemast weitgehend geschwunden war. Die im April 1941 durchgeführte Erhöhung

---
(1) Vgl. S. 41 f.
(2) Vgl. hierzu Seite 45 ff.
(3) Der Mangel an Eiweissfuttermitteln ergab sich durch: 1. Fortfall des grössten Teiles der Magermilch für die Viehfütterung, da sie für die direkte menschliche Ernährung nötig war, 2. Fortfall der Fischmehleinfuhr, 3. Rückgang der eigenen Fischmehlerzeugung.

der Schweinepreise um durchschnittlich 5,5 vH stellte in Anbetracht der weiteren Verschlechterung der Futtermittellage noch keinen Ausgleich für die erhöhten Produktionskosten dar.

Der Gedanke lag nahe, der Schweineproduktion durch starke Heraufsetzung der Schlachtschweinepreise einen Auftrieb zu geben. Aber in der Erkenntnis, dass alle Anreize zur Vergrösserung der Schweineproduktion versagen mussten, solange nicht genügend Futter zur Verfügung stand, entschloss man sich nicht hierzu. Eine Preisbegünstigung der Schweinemast hätte überdies leicht zu einer Gefährdung der Brot- und Speisekartoffelversorgung führen können. Unter diesem Gesichtspunkt muss die zweimalige Aufbesserung der Schweinepreise im Jahre 1942 beurteilt werden (vgl. Übersicht 43). Die im Februar 1942 durchgeführte Preiserhöhung um durchschnittlich 7 vH war ein mässiger Ausgleich für die weitere Steigerung der Produktionskosten, und die 13%ige Preisheraufsetzung vom Dezember 1942 stellte lediglich das Gleichgewicht zwischen Futtermittel- und Schlachtschweinepreisen wieder her, das durch die Erhöhung der Kartoffelpreise (1) gestört worden war. Beide Preiserhöhungen boten also keinen besonderen Anreiz zur Steigerung der Schweineproduktion. Immerhin schafften sie die Voraussetzung für die Wirksamkeit weiterer Massnahmen.

Zu diesen Massnahmen gehörte die Errichtung von Leistungsausschüssen für Schlachtvieherzeugung in allen Stufen der Reichsnährstandsverwaltung. Ihre Aufgabe war die Mobilisierung aller Kräfte zur Aufrechterhaltung der Schlachtvieherzeugung, insbesondere die Herausgabe von Richtlinien über den Umfang der Erzeugung in Anpassung an die Futterlage, die Verteilung der am Markt vorhandenen Futtermittel und die Beratung der Landwirte. Mit Hilfe dieser Ausschüsse wurde eine weitgehende Umstellung der Schweinefütterung auf Zucker- und Futterrüben, Grünfutter und Rübenblätter erreicht und eine Ausweitung der Schweinehaltung in den Rübenbaugebieten durchgesetzt. Die Widerstände, die sich dabei ergaben, wurden durch Belehrung und Überredung und, wo diese nicht durchdrangen, durch rücksichtslosen Einsatz der Autorität der Reichsnährstandsführer überwunden (2). Im Zuge dieser Aktion wurden noch folgende Einzelmassnahmen getroffen:

1. Im Frühjahr 1942 wurden auf Veranlassung der Regierung zwischen dem Viehhandel einerseits und den Schweinezüchtern andererseits Lieferungsverträge über mehrere 100 000 Läufer zu einem für die Züchter günstigen Preis abgeschlossen. Den Züchtern wurde dabei freigestellt, jederzeit vom Vertrag zurückzutreten, wenn sie die Schweine selbst mästen oder anderweitig verwerten wollten. Es handelte sich also um eine Absatzgarantie, der durch Abschluss eines Vertrages grösserer Nachdruck verliehen wurde.
2. Auf der gleichen Grundlage wurden später auch Lieferungsverträge über Zuchtsauen abgeschlossen.
3. Für jede Zuchtsau wurden 50 kg Brotgetreide (meist Gerste) bei der Festsetzung des Lieferungssolls 1942/43 zugestanden.
4. Für jede Jungsau, die nach dem 1. Februar 1943 abferkelte, wurden 250 kg Futtergetreide von dem Lieferungssoll 1942/43 abgesetzt.
5. Bei Festsetzung des Ablieferungskontingents für Futtergetreide konnten grössere Mengen zur Verfütterung im eigenen Betrieb freigestellt wer-

---

(1) Vgl. hierzu S. 59 f.
(2) Vgl. z. B. Gotzel, Vermehrung der Schweinebestände. Aus der Tätigkeit des Ausschusses für Schlachtvieherzeugung im Kreise Jerichow. Mitteilungen für die Landwirtschaft 1942, Nr. 16.

Übersicht 43: Schlachtviehpreise im Durchschnitt von 15 wichtigen Märkten 1932/33 - 1943/44 (1) (RM/100 kg)

September/ August	Schweine Kl. c	Ochsen Kl. B	Bullen Kl. B	Kühe Kl. C	Färsen Kl. B	Kälber Kl. B	Schafe Kl. C
1932/33	80	53	48	34	52	70	57
1933/34	86	57	53	38	56	77	69
1934/35	96	68	65	47	66	87	79
1935/36	104	81	80	65	80	120	93
1936/37	102	78	75	61	77	114	92
1937/38	104	78	75	60	77	112	82
1938/39	104	81	78	63	79	113	83
1939/40	107	82	78	64	80	113	82
1940/41	110	83	79	64	81	112	80
1941/42	119	84	80	65	82	112	82
1942/43	131	84	80	64	82	112	84
1943/44	137	92	88	71	90	111	91

(1) Jahresdurchschnittspreise der mittleren Schlachtwertklassen. Schweine, Kl. c, 100 bis 119,5 kg Lebendgewicht. Ochsen, Kl. B, vollfleischige, jedoch nicht höchsten Schlachtwertes. Bullen, Kl. B, vollfleischige oder ausgemästete, jedoch nicht höchsten Schlachtwertes. Kühe, Kl. C, fleischige. Färsen, Kl. B, vollfleischige, jedoch nicht höchsten Schlachtwertes. Schafe, Kl. C, geringere Lämmer, Hammel und Böcke.

Quelle: Vierteljahreshefte zur Statistik des Deutschen Reichs. - Wirtschaft und Statistik.

den, wenn die Verpflichtung zur Lieferung einer entsprechenden Menge von Schlachtschweinen übernommen wurde.
6. Für jedes ab 1.9.1942 gelieferte Schlachtschwein wurden 12 bis 15 kg Eiweisskonzentrat zugeteilt.

Begünstigt durch die gute Hackfruchternte 1942 führte die Aktion zu einer erheblichen Ausweitung der Zuchtsauenhaltung im Laufe des Jahres 1943 und Anfang 1944 (vgl. Schaubild 21), der eine entsprechende Vermehrung des gesamten Schweinebestandes folgte. Infolge der schlechten Hackfruchternten 1943 und 1944 kam aber diese Entwicklung 1944 zum Stehen, und begann, wie die Zahlen der trächtigen Sauen im Juni und September 1944 erkennen lassen, wieder rückläufig zu werden. Da durch den weiteren Verlauf des Krieges auch die Zufuhr von Futtergetreide aus den besetzten Ostgebieten und aus Südosteuropa fortfiel, konnte der vergrösserte Schweinebestand im allgemeinen nur unvollständig ausgemästet werden.

Die beiden Preiserhöhungen von 1942 wurden restlos durch Zuschüsse der öffentlichen Hand an die Schlächtereien gedeckt. Die Verbraucherpreise blieben unverändert. Die aufgewendeten Mittel beliefen sich im Jahre 1943/44 auf insgesamt 198 Mill. RM, die Preiserhöhung von 1941 wurde durch Herabsetzung der Schlachtsteuer aufgefangen.

dd) Die Erhaltung des Rindviehbestandes

Oberster Grundsatz für die Preispolitik am Schlachtrindermarkt war die Erhaltung eines leistungsfähigen Milchviehbestandes, der als die wichtigste Fettquelle und als vorteilhaftester Verwerter für das absolute Rinderfutter (Weide, Wiese, Rübenblätter) unentbehrlich war. Die Preise für Schlachtrinder wurden deshalb bewusst niedrig gehalten. Die erste nennenswerte Preisaufbesserung erfolgte erst im März 1944 (vgl. Übersicht 43); sie war zwar mit 30 bis 34 vH sehr gross, bot aber zu diesem Zeitpunkt keinen Anreiz mehr zu stärkeren Eingriffen in den Rinderbestand. Sie bedeutete lediglich einen Ausgleich zu den mehrfach erhöhten Preisen für Milch und Schlachtschweine und erleichterte das Abstossen alter Milchkühe. Die Preiserhöhung wurde durch Subventionen an die Schlächtereien, die sich auf jährlich 340 Mill. RM beliefen, gedeckt.

Der Preispolitik entsprachen auch die übrigen Massnahmen in der Schlachtrinderwirtschaft. Bereits vor dem Kriege wurde bei der Festsetzung der Schlachtkontingente darauf Bedacht genommen, dass keine grösseren Bestandslücken entstanden. So wurden die Schlachtungen im Jahre 1936 besonders niedrig gehalten, um die Lücke im Jungviehbestand, die 1934/35 durch starke Abschlachtungen wegen Futtermangels entstanden war, wieder zu schliessen (vgl. Übersicht 44). In gleicher Weise vorsichtig erfolgte die Festsetzung der Fleischrationen im Kriege. Obwohl der Fleischverzehr infolge des Niedergangs der Schweineproduktion bis 1943/44 um 40 vH eingeschränkt werden musste (vgl. Übersicht 39), wurde der Rinderbestand in jeder Weise geschont. Im Jahre 1944 hatte der Milchkuhbestand infolgedessen eine Rekordhöhe erreicht, und der Jungviehbestand war nur um wenige 100 000 Stück zurückgegangen, was noch überwiegend auf die verminderte Schlachtviehaufzucht zurückzuführen war.

Übersicht 44: Rinderbestände und Rinderschlachtungen 1932 - 1943 (1) (1 000 Stück)

Jahr	Bestände am 3. Dezember							Rinderschlachtungen (ohne Kälber) in dem auf die Zählung folgenden Jahr		Kälbergeburten 77,1 vH der Kühe u. Färsen	Kälberschlachtungen	
	Kälber bis 3 Monate alt	Jungvieh 3 Mon. bis 2 Jahre alt	Ochsen u. Bullen über 2 Jahre alt	Kühe u. Färsen über 2 Jahre alt		Rindvieh insgesamt	Rindvieh ohne Kälber	insgesamt	in vH des Bestandes		insgesamt	in vH der Kälbergeburten
				insgesamt	davon Milchkühe							
1932	1 484	5 964	866	10 825	9 845	19 139	17 655	3 404	19	8 166	4 455	55
1933	1 678	5 981	878	11 202	10 143	19 739	18 061	3 913	22	8 346	4 426	53
1934	1 356	6 022	729	11 091	10 164	19 198	17 842	3 964	22	8 637	5 087	59
1935	1 448	5 731	667	11 028	9 954	18 874	17 426	2 958	17	8 551	4 937	58
1936	1 635	6 432	735	11 286	10 122	20 088	18 453	3 661	20	8 503	4 484	53
1937	1 556	6 783	775	11 390	10 224	20 504	18 948	4 105	22	8 702	4 964	57
1938	1 483	6 437	780	11 234	9 974	19 934	18 451	3 617	20	8 781	5 070	58
1939	1 567	6 247	819	11 318	9 979	19 948	18 381	3 491	19	8 661	4 820	56
1940	1 351	6 143	857	11 312	10 006	19 663	18 312	3 204	18	8 726	5 076	58
1941	1 340	5 774	860	11 458	10 080	19 432	18 092	3 207	18	8 722	.	.
1942	1 180	5 473	919	11 530	10 118	19 102	17 922	2 846	16	8 834	.	.
1943	1 468	5 386	967	11 777	10 302	19 598	18 130			8 890	.	.

(1) Reichsgebiet von 1937.

Quelle: Statistisches Jahrbuch für das Deutsche Reich. - Statistik des Deutschen Reichs, Bd. 543, II. - Unveröffentlichte Sonderdrucke des Statistischen Reichsamts. - Statistisches Handbuch von Deutschland.

8. Eier

a) Die Markt- und Preisordnung

Die deutsche Hühnerhaltung befindet sich überwiegend in bäuerlichen Betrieben und wurde bei Einführung der Marktordnung weitgehend extensiv auf wirtschaftseigener Futtergrundlage betrieben. Die intensive Hühnerhaltung in den Geflügelfarmen war seit 1930 durch die Stützung der Getreidepreise und die sich daraus ergebende ungünstige Eier-Futter-Preisrelation zurückgegangen. Ein Handelsklassen- und Kennzeichnungssystem war zwar seit 1932 gesetzlich festgelegt, doch unterlag seine Anwendung keinem Zwang. Dementsprechend war der Eiermarkt gekennzeichnet durch ein unausgeglichenes Angebot von uneinheitlicher Ware. Die Saisonschwankungen waren durch die geringe Winterproduktion infolge extensiver Haltung und Fütterung ausserordentlich stark. Das Auslandsangebot war gross und wurde mit dem Fallen der Getreidepreise, das der ausländischen Geflügelhaltung voll zugutekam, immer mehr bestimmend. Etwa ein Drittel des Gesamtbedarfs wurde durch Einfuhr gedeckt.

Voraussetzungen für die Einführung des Festpreissystems waren demnach die Standardisierung, die Zusammenfassung und Lenkung des Angebots sowie die Regulierung der Einfuhr. Zu diesem Zweck wurden von den Eierwirtschaftsverbänden Kennzeichnungsstellen eingerichtet, durch die sämtliche über den Handel in den Verkehr gebrachten Eier geleitet werden mussten. Die Anlieferung zu den Kennzeichnungsstellen erfolgte durch die Erzeuger selbst oder durch Aufkäufer, die einer besonderen Zulassung durch den Wirtschaftsverband bedurften. Daneben war die direkte Abgabe vom Erzeuger an den Verbraucher ohne Passieren der Kennzeichnungsstellen weiterhin gestattet. In den Sammelstellen wurden die Eier nach den gesetzlichen Handelsklassen (zwei Güteklassen und innerhalb dieser fünf Gewichtsklassen) sortiert und vorschriftsmässig gekennzeichnet. Die weitere Verteilung erfolgte über den Grosshandel oder durch unmittelbare Abgabe an den Einzelhandel.

Auch während des Krieges wurde dieses Erfassungs- und Verteilungsverfahren grundsätzlich beibehalten und lediglich durch Festlegung der abzuliefernden Mindestmengen ergänzt. Die Erzeuger hatten danach je Huhn jährlich 60 Eier abzugeben. Für jedes Haushaltsmitglied des Hühnerhalters war die Erzeugung von 1,5, ab 1943/44 von einem Huhn abgabefrei. Ab 1943 wurde die Sortierung und Kennzeichnung in den Sammelstellen zur Arbeitsersparnis eingestellt.

Für die Kennzeichnungsstellen bestand eine Andienungspflicht gegenüber dem zuständigen Wirtschaftsverband, der damit einen Überblick über den Marktablauf erhielt und durch Lieferungsanweisungen regulierend eingreifen konnte. Im allgemeinen wurde eine gleichmässige räumliche Verteilung durch Kontingentierung des Grosshandels erreicht, wobei die Kontingente an bestimmte Verbraucherplätze oder -bezirke gebunden waren. Soweit ein jahreszeitlicher Ausgleich vorgenommen wurde, wurde er in der Hauptsache von der Reichsstelle für Eier getragen, die während des Frühjahres und Sommers Eier in Kühlhäusern einlagerte und sie in den Wintermonaten auf den Markt brachte. Die Einlagerungen der Reichsstelle umfassten in den Vorkriegsjahren 400 bis 600 Mill. Eier bei einem Gesamtverbrauch von jährlich etwa 8 000 Mill. Stück. Daneben bestand auch eine private Einlagerung durch den Handel und Grossverbraucher.

Die Regulierung der Einfuhr erfolgte ebenfalls durch die Reichsstelle für Eier. Durch Anweisungen an die Importeure wurde die räumliche Verteilung der Einfuhrmengen geleitet, soweit sie nicht von der Reichsstelle auf Lager genommen wurden.

Die Bezahlung der Eier durch die Sammelstellen an die Erzeuger erfolgte nach Gewicht. Innerhalb der Wirtschaftsverbände wurden Mindestpreise festgesetzt, die je nach Leistungsfähigkeit der Sammelstellen bis zu einer bestimmten Grenze überschritten werden mussten. Für die weitere Verteilung der Eier nach ihrer Sortierung und Kennzeichnung waren Festpreise je Stück festgelegt.

Eine regionale Preisstaffelung bestand nur für den Erzeugerpreis, der für die einzelnen Wirtschaftsverbände unterschiedlich war. Die Abgabepreise der Sammelstellen an den Grosshandel waren dagegen im ganzen Reich einheitlich. Das System wurde durch einen allgemeinen Frachtkostenausgleich ergänzt, der von der Hauptvereinigung der deutschen Eierwirtschaft durchgeführt wurde.

Der Saisonausgleich wurde durch eine jahreszeitliche Staffelung der Erzeuger-, Handels- und Verbraucherpreise erleichtert. Sie entsprach in ihrer Richtung dem früheren Preisverlauf, konnte jedoch in wesentlich engeren Grenzen gehalten werden, da die Einkühlung in der Hauptsache von der Reichsstelle für Eier übernommen wurde. Ausmass und zeitliche Abgrenzung der Saisonstaffelung wurden im Laufe der Zeit mehrfach geändert.

b) Die Preispolitik

Bei ihrer geringen Betriebsgebundenheit wäre eine rasche Ausdehnung der Geflügelhaltung bis zur vollen Selbstversorgung mit Eiern durch entsprechende Preisfestsetzung durchaus möglich gewesen. Damit wäre zwar die Einfuhrabhängigkeit in der Eierversorgung beseitigt, jedoch in der Getreideversorgung vergrössert worden. Bekanntlich wurde aber in der nationalsozialistischen Autarkiepolitik der Sicherstellung des Brotbedarfs aus eigener Ernte der unbedingte Vorrang vor der Versorgung mit tierischen Erzeugnissen gegeben. Hinzu kommt, dass der Verlust an Nährwerten bei der Umsetzung von Futtermitteln in Eier besonders hoch ist; er beträgt etwa 90 vH gegenüber 70 bis 75 vH bei der Erzeugung von Schweinefleisch, die ebenfalls auf konzentrierte, hochverdauliche Futterstoffe angewiesen ist. Eine Preisgestaltung für Eier, die den Anreiz zur Vermehrung des Hühnerbestandes gegeben hätte, schied deshalb von vornherein aus. Vielmehr wurde der Eierpreis so gehalten, dass die Hühnerhaltung nur bei weitgehender Ausnutzung des absoluten Hühnerfutters und rationeller Verwendung der darüber hinaus benötigten Futtermittel rentabel war. Gleichzeitig wurde allerdings die Rationalisierung der Eierproduktion durch staatliche Beihilfen weitgehend gefördert, worauf weiter unten im einzelnen eingegangen wird.

Der Preisverlauf ist aus der Übersicht 45 ersichtlich. Eine grössere Preisaufbesserung erfolgte nach Überwindung des Krisentiefstandes von 1932 lediglich im Jahre 1938, um einer stärkeren Einschränkung der Hühnerhaltung vorzubeugen. Ab 1942 wurde eine Prämie von 4 Rpf für jedes Ei gezahlt, das über die geforderte Ablieferungsnorm von jährlich 60 Eiern je Huhn hinaus abgegeben wurde. Diese Prämie, die aus öffentlichen Mitteln bestritten wurde, hatte allerdings nur zum Ziel, die Erzeuger zur Beschränkung des eigenen Verzehrs anzuregen, nicht aber die Produktion zu erhöhen. Vielmehr wäre mit Rücksicht auf den Futter-, insbesondere den Getreidehaushalt eine starke Einschränkung des Geflügelbestandes durchaus erwünscht gewesen. Die Ausdehnung der Hühner- und überhaupt der Kleintierhaltung

Übersicht 45: Die Preise für Eier 1928 - 1944 (Jahresdurchschnittspreise)

Jahr	Grosshandelseinkaufspreis, Berlin (1) RM/100 Stück	Einzelhandelspreis (2) Rpf/Stück
1928	12,79	14
1929	14,21	16
1930	11,74	13
1931	9,59	11
1932	8,07	10
1933	9,05	10
1934	9,03	11
1935	9,33	11
1936	9,21	11
1937	9,59	11
1938	10,53	12
1939	10,45	12
1940	10,88	12
1941	10,88	12
1942	10,88	12
1943	10,88	12
1944	10,88	12

(1) Vollfrische, 53 bis 59 g, ab November 1933: 55 bis 60 g.
(2) Gewogener Durchschnitt von 72 Gemeinden.

Quelle: Vierteljahreshefte zur Statistik des Deutschen Reichs. - Wirtschaft und Statistik.

auf nichtlandwirtschaftliche Haushaltungen wurde im Laufe des Krieges ohnehin zu einem ernsten Problem der Ernährungswirtschaft. Da sie ausschliesslich auf die Besserung der eigenen Versorgung abgestellt war, entzog sie sich weitgehend der preis- und produktionspolitischen Einflussnahme. Mit Sicherheit entzog sie sich auch in erheblichem Umfang der statistischen Erfassung; der Rückgang der Geflügelbestände dürfte also weit geringer gewesen sein, als er in den amtlichen Zahlen zum Ausdruck kommt (vgl. Übersicht 46). Der Futterbedarf der Geflügelhaltung wurde für 1943 noch mit mindestens 1,5 Mill. t Getreidewert veranschlagt. Anfang 1944 sah man sich deshalb gezwungen, gesetzliche Vorschriften zur Einschränkung der gesamten Kleintierhaltung zu erlassen. Ausgenommen wurde dabei zunächst nur die Hühnerhaltung, soweit sie sich auf eigene Futtererzeugung stützte; sie wurde jedoch auf den Umfang bei der Viehzählung vom Dezember 1943 beschränkt. Unerlaubte Erweiterung des Hühnerbestandes sowie mangelnde Eierablieferung wurde mit Geldstrafe und Beschlagnahme der Hühner bedroht. Die fast restlose Abschlachtung des Geflügelbestandes wurde Anfang 1945 verlangt. Sämtliches Geflügel mit Ausnahme der Hühner sollte bis Ende März abgeschlachtet sein. Die Hühnerhaltung sollte Ende Juni auf die zur Selbstversorgung der landwirtschaftlichen Haushaltungen erlaubte Zahl (je Person ein Huhn) zurückgeführt sein. Das Ende des Krieges hat die restlose Durchführung dieser Massnahmen verhindert.

Übersicht 46: Erzeugung, Einfuhr und Verbrauch von Eiern 1928 - 1943/44
(Mill. Stück)

Jahr	Hühnerbestand im Dezember des Vorjahres	Inländische Eierzeugung	Einfuhrüberschuss an Eiern (einschl. Eiererzeugnisse)	Vorratsaufbau (+) bzw. -abbau (-)	Gesamtverbrauch von Eiern
Jan./Dez.		Reichsgebiet von 1937			
1928	71,9	5 530	3 260	.	8 790
1929	76,5	5 820	3 200	.	9 020
1930	83,8	6 140	3 110	.	9 250
1931	88,7	6 200	2 710	.	8 910
1932	84,8	6 150	2 810	.	8 960
1933	84,8	6 240	1 640	.	7 880
1934	87,9	6 240	1 640	.	7 880
1935	86,4	6 190	1 450	.	7 640
1936	86,1	6 280	1 580	.	7 860
1937	88,4	6 400	2 000	.	8 400
1938	85,4	6 540	1 930	.	8 470
1939	88,6	6 840	1 820	.	8 660
Okt./Sept.		Reichsgebiet vom 1.9.1939			
1939/40	103,1	8 800	2 286	+ 113	10 973
1940/41	100,1	7 900	1 483	- 292	9 675
1941/42	84,9	6 200	567	+ 40	6 727
1942/43	75,0	5 200	403	- 83	5 686
1943/44	76,4	5 200	160	- 350	5 710

Quelle: Vierteljahreshefte zur Statistik des Deutschen Reichs, Jg. 1938. - Landeswirtschaftliche Statistik, hrsg. vom Reichsnährstand. - Statistisches Handbuch von Deutschland. - Schaubilder zur deutschen und europäischen Ernährungswirtschaft. - Unveröffentliche Übersichten der Reichsstelle für Eier.

c) Massnahmen zur Rationalisierung der Hühnerhaltung

Während die Ausweitung der Hühnerhaltung mit Rücksicht auf die Getreidepolitik durch einen niedrigen Eierpreis verhindert wurde, verwendete man für die Leistungssteigerung des vorhandenen Bestandes und damit für die rationelle Ausnutzung des aufgewendeten Futters erhebliche Mittel. Grundlegend für die Massnahmen auf diesem Gebiet war der Ausbau des Beratungswesens. Die Zahl der Beratungsstellen wurde von 9 im Jahre 1933 auf rd. 200 im Jahre 1939 vermehrt. Durch die Beratung wurden vor allem rationelle Fütterungs- und Haltungsmethoden eingeführt. Des weiteren wurde auf die regelmässige und ausreichende Verjüngung der Bestände und ihre Ergänzung aus leistungsfähigen Zuchten besonderer Wert gelegt. Zur Beschleunigung der Entwicklung in dieser Richtung wurde die Beschaffung von Eintagsküken und Junghennen aus anerkannten Zuchten mit Reichsmitteln verbilligt. Als Beihilfe wurden auf Antrag RM -,20 je Küken (etwa 1/3 des Preises) und RM -,60 je Junghenne (etwa 1/4 bis 1/5 des Preises) gezahlt. Voraussetzung für die Beihilfe war die Unterstellung unter das Beratungswesen, damit eine sachgemässe Haltung und Fütterung gewährleistet war. Um den jahreszeitlichen Ablauf der Eiererzeugung zu beeinflussen, wurden nur Tiere verbilligt, die bis Ende Mai geschlüpft waren, also noch Ende des Jahres mit der Legetätigkeit beginnen konnten. Die Verbilligungsaktion erstreckte sich in den letzten Vorkriegsjahren auf etwa 4 Mill. Küken und 500 000 Junghennen jährlich, das sind etwa 6 bis 7 vH des gesamten Nachwuchsbedarfs bei dreijährigem Umtrieb (1).

Um eine Verbesserung in der Haltung der Tiere zu erzielen, wurden Beihilfen aus öffentlichen Mitteln zum Neubau und Umbau von Hühnerställen gegeben. Voraussetzung war eine sachverständige Bauberatung durch die Geflügelberatungsstellen oder Geflügelzüchtervereinigungen. Im Rahmen dieser Aktien wurde zu Beginn des Krieges die Anlage von gemeinsamen Aufzuchtställen in den Dörfern propagiert. Sie sollte vor allem eine Arbeitsersparnis für die Bäuerin bringen, die infolge Arbeitsüberlastung häufig nicht die erforderliche Sorgfalt auf die Geflügelaufzucht verwenden konnte.

Die offiziellen Schätzungen über die Eierproduktion lassen ein Ansteigen der durchschnittlichen Legeleistung ab 1937 erkennen. Während des Krieges ging die Leistung allerdings infolge Mangel an Eiweissfutter wieder stark zurück (vgl. Übersicht 46). Die statistischen Unterlagen über die Geflügelhaltung und die Eierproduktion können allerdings keinen Anspruch auf unbedingte Zuverlässigkeit erheben.

---

(1) 4 Mill. Küken = 1,4 Mill. Junghennen, dazu 0,5 Mill. Junghennen, insgesamt verbilligt 1,9 Mill. Junghennen. Für einen Bestand von rd. 90 Mill. Hühnern besteht bei dreijährigem Umtrieb ein jährlicher Bedarf von 30 Mill. Jungtieren.

VI. Einkommen und Finanzlage der Landwirtschaft

Eines der wesentlichen Ziele des Festpreissystems, das bei seiner Propagierung immer wieder verkündet wurde, war die Schaffung eines "gerechten Preises" für die Erzeugnisse der Landwirtschaft. Der "gerechte Preis" sollte der Landwirtschaft ein auskömmliches Einkommen und dem Konsumenten tragbare Preise gewährleisten.
Als gerecht wurde dabei im allgemeinen ein Preisverhältnis angesehen, wie es in den letzten Jahren vor Beginn des Ersten Weltkrieges bestanden hatte. Der Herbeiführung eines besseren Einkommens der Landwirtschaft standen jedoch erhebliche Schwierigkeiten entgegen. Zunächst erlaubte die allgemeine Wirtschaftslage, die durch Arbeitslosigkeit und geringe Kaufkraft der Konsumenten gekennzeichnet war, nur mässige Preiserhöhungen für Agrarerzeugnisse, die noch zum Teil auf Kosten der Handels- und Verarbeitungsspanne vorgenommen wurden. Nachdem sich Beschäftigungszustand und Lohneinkommen gehoben hatten, verlangte die allgemeine Finanz- und Preispolitik das Festhalten des bestehenden Preis- und Lohnniveaus (vgl. hierzu S. 2 und folgende). Für eine grundlegende Hebung des landwirtschaftlichen Einkommens durch stärkere Preiserhöhungen bestand daher keine Möglichkeit. Eine Besserstellung der Landwirtschaft wurde zwar durch Preissenkung bei einer Reihe von Produktionsmitteln wie Handelsdünger, Maschinen und elektrische Energie angestrebt. Doch waren diese Mittel von vornherein unzureichend für eine grundlegende Wandlung der landwirtschaftlichen Einkommensverhältnisse. So kamen Bauer und Dehen (1) zu dem Ergebnis, dass der Anteil der Landwirtschaft am Leistungseinkommen des deutschen Volkes mit 17 vH im Jahre 1937/38 um ein Erhebliches hinter dem Anteil der Landwirtschaft an der Arbeitsleistung (24 vH) zurückstand (vgl. Übersicht 47). Den Fehlbetrag zuungunsten der Landwirtschaft, der allgemein auf eine "Unterbewertung der landwirtschaftlichen Arbeit" zurückgeführt wurde, berechneten sie damit auf jährlich 4,3 Milliarden RM. Fensch (2) stellte auf Grund von Buchführungsergebnissen tatsächlich ermittelte Einkommen landwirtschaftlicher Betriebe einem als angemessen angesehenen "Soll-Einkommen" gegenüber und kam je nach Annahme des Lohn- und Zinsanspruchs zu einem jährlichen Fehlbetrag am landwirtschaftlichen Einkommen von 1,65 bis 3,5 Milliarden RM. Besonders benachteiligt waren nach Fensch die kleinen und mittleren Betriebe infolge relativ ungünstiger Preisfestsetzungen für die tierischen gegenüber

---

(1) Bauer und Dehen, Landwirtschaft und Volkseinkommen. Vierteljahreshefte zur Wirtschaftsforschung, 13. Jg., 1938/39, H. 7.

(2) H. L. Fensch, die Unterbewertung der Landarbeit in den verschiedenen Betriebsgruppen der deutschen Landwirtschaft. Berichte über Landwirtschaft, N. F. Bd. 28.

Übersicht 47: Anteil der deutschen Landwirtschaft am Leistungseinkommen und an der Arbeitsleistung der Gesamtbevölkerung 1924/25 - 1937/38

Juli/Juni	Leistungseinkommen (1) insgesamt	der Landwirtschaft	Anteil der Landwirtschaft am Leistungseinkommen	an der Arbeitsleistung (2)	Unterschied zwischen dem Einkommen der Landwirtschaft und dem dem Leistungsanteil entsprechenden Einkommen	vH des Leistungseinkommens der Landwirtschaft
	Mrd. RM		vH		Mrd. RM	
1924/25	54,3	10,9	20	28	4,3	38
1925/26	56,5	11,0	20	28	4,8	43
1926/27	59,4	10,1	17	28	6,5	63
1927/28	65,7	10,3	16	27	7,4	70
1928/29	68,0	11,7	17	26	6,0	50
1929/30	64,8	11,3	17	27	6,2	54
1930/31	55,9	10,0	18	28	5,7	56
1931/32	45,3	8,8	19	30	4,8	53
1932/33	41,5	7,6	18	31	5,3	68
1933/34	45,1	8,9	20	30	4,6	51
1934/35	51,0	10,4	20	28	3,9	37
1935/36	56,1	10,5	19	27	4,6	43
1936/37	60,9	10,9	18	25	4,3	39
1937/38	64,4	11,2	17	24	4,3	38

(1) Der Eigenverbrauch der Landwirtschaft ist dabei mit Verbraucherpreisen bewertet worden; die vom Einkommen gezahlten Steuern wurden abgesetzt.
(2) Schätzung auf Grund der Zahlen der Erwerbstätigen und der Berufszugehörigen.

Quelle: W. Bauer und P. Dehen, Landwirtschaft und Volkseinkommen; Vierteljahreshefte zur Wirtschaftsforschung, 12. Jg. (1938/39), H. 4.

den pflanzlichen Erzeugnissen. Auch andere Untersuchungen (1) kamen zu dem Ergebnis, dass eine "Unterbewertung der Landarbeit" seit dem Ende des Ersten Weltkrieges bestanden hat und dass diese in den Jahren 1933 bis 1939 wohl gemildert, jedoch keineswegs beseitigt worden ist. Diese Tatsache machte sich vor allem in verstärkter Abwanderung von landwirtschaftlichen Arbeitskräften bemerkbar. In besonders stark vom Arbeitsmangel betroffenen Gebieten waren bereits Strömungen im Gange, die Wirtschaftsführung zu extensivieren, um mit den vorhandenen Arbeitskräften auszukommen.

Das mangelhafte Einkommen der Landwirtschaft war ohne Frage zum Teil durch fehlende Rationalisierung bedingt. Das ergibt sich vor allem aus den unterschiedlichen finanziellen Abschlüssen der Betriebe. Im allgemeinen war die Rentabilität bei den Grossbetrieben, die der Mechanisierung leichter zugänglich sind und deren Leiter im Durchschnitt über eine bessere fachliche Ausbildung verfügen, besser als die der mittleren und kleineren Betriebe. Aber auch innerhalb der einzelnen Grössenklassen bestanden erhebliche Unterschiede von Betrieb zu Betrieb, die sich aus den unterschiedlichen Fähigkeiten der Betriebsleiter und aus der verschiedenen Ausstattung mit Kapital ergaben. Die Kapitalverluste, die zahlreiche Betriebe in der Deflationskrise erlitten hatten, konnten nur langsam ausgeglichen werden und verhinderten vielfach eine schnelle Rationalisierung. So kam es, dass ein Teil der Betriebe durchaus befriedigende wirtschaftliche Erfolge hatte, während andere aus der finanziellen Notlage nicht herauskamen. Im Laufe des Krieges besserte sich die Geldlage der Landwirtschaft erheblich. Die Zunahme der Liquidität machte sich in der gesteigerten Kaufkraft der landwirtschaftlichen Bevölkerung, in der Tilgung von Schulden und in einer erheblichen Guthabenbildung bemerkbar. Eine Übersicht über die Gestaltung der Geldbilanz der Landwirtschaft im alten Reichsgebiet während des Krieges gibt Übersicht 48.

Die Wirtschaftseinnahmen stiegen während des Krieges verhältnismässig stark an, während sich die Wirtschaftsausgaben nur mässig erhöhten. Der Wirtschaftsüberschuss lag infolgedessen im Mittel der 5 Kriegsjahre 1939 bis 1944 um 1 600 Millionen RM höher als in den letzten Vorkriegsjahren. Die aus dem Wirtschaftsüberschuss geleisteten Zahlungen, darunter vor allem die Ausgaben für Investierungen, sanken dagegen um 720 Millionen RM durchschnittlich jährlich. Entsprechend stieg der Geldüberschuss der Landwirtschaft von 530 Millionen auf 2 850 Millionen RM jährlich; er wurde teilweise zur Schuldentilgung, überwiegend aber zur Ansammlung von Guthaben verwendet. In 5 Kriegsjahren zusammen betrug die Schuldentilgung rd. 3 Milliarden, die Guthabenbildung rd. 11 Milliarden RM. Die Verschuldung der Landwirtschaft verringerte sich dadurch von 13 Milliarden auf 10 Milliarden RM und ihre Guthaben erhöhten sich von etwa 3,5 Mrd. auf 14,5 Mrd. Das Fortbestehen einer erheblichen Verschuldung bei gleichzeitiger starker Guthabenbildung deutet an, dass auch weiterhin grosse Unterschiede in der Finanzlage der einzelnen Betriebe bestanden.

Der in den 5 Kriegsjahren bis 1944 von der Landwirtschaft über den Vorkriegsumfang hinaus erzielte Geldüberschuss von (5 mal 2 320 Millionen)

---

(1) G. Klauder, Über die Unterbewertung der Landarbeit und ihre Beseitigung durch Preisveränderungen; G. Isenberg, Das Einkommen in Stadt und Land; H. Niehaus, Vergleich ländlicher und städtischer Einkommen. Das Problem des Preis- und Einkommensausgleichs. (Nähere Quellenangaben s. Literaturverzeichnis).

Übersicht 48: Die Geldbilanz der deutschen Landwirtschaft 1936/39 und 1939/40 - 1943/44 (1)

Vorgang	In RM/ha landwirtschaftl. Nutzfläche							In Mill. RM		
	Durch-schnitt 1936/39	1939/40	1940/41	1941/42	1942/43	1943/44	Durch-schnitt 1939/44	Durchschnitt 1936/39	1939/44	1939/44 gegen 1936/39
Wirtschafts-einnahmen	400	476	445	456	504	536	483	11500	13900	+ 2400
Wirtschafts-ausgaben	269	292	292	289	302	302	295	7700	8500	+ 800
Wirtschafts-überschuss	131	184	153	167	202	234	188	3800	5400	+ 1600
Schuldzinsen	22	20	19	18	17	16	18	630	520	- 110
Guthabenzinsen	4	5	6	8	10	13	9	110	250	+ 140
Zinssaldo	18	15	13	10	7	3	9	520	270	- 250
Investitionen	36	36	29	23	20	14	24	1040	680	- 360
Persönliche Steuern	4	5	5	6	6	6	6	110	170	+ 60
Privatausgaben	55	55	55	50	45	45	50	1600	1430	- 170
Zusammen	113	111	102	89	78	68	89	3270	2550	- 720
Geldüberschuss	18	73	51	78	124	166	99	530	2850	+ 2320
Schuldentilgung	6	20	11	18	26	33	22	180	630	+ 450
Guthabenbildung	12	53	40	60	98	133	77	350	2220	+ 1870

(1) Reichsgebiet von 1937.

Quelle: H. L. Fensch, Die Geldbilanz der deutschen Landwirtschaft in den fünf Kriegsjahren 1939/44 (unveröffentlicht).

11,6 Milliarden RM war nun aber keineswegs in vollem Umfang auf eine echte Rentabilitätssteigerung zurückzuführen. Nach Berechnungen von Fensch (1), dessen Untersuchung auch die übrigen Angaben entnommen sind, waren nur etwa 5,2 Milliarden RM oder 45 vH des zusätzlichen Geldüberschusses durch verbesserte Rentabilität bedingt. Die Ursache der Rentabilitätssteigerung war die günstigere Gestaltung des Preisverhältnisses zwischen Erzeugnissen und Erzeugungsmitteln. Eine Verbesserung des Mengenverhältnisses von Aufwand und Ertrag, also eine Rationalisierung der Betriebsführung, ist dagegen für die Kriegszeit im allgemeinen nicht anzunehmen. Der grössere Teil des zusätzlichen Geldüberschusses, etwa 6,4 Milliarden RM, beruhte auf Umwandlung von Sachwerten in Geld und auf Substanzverzehr, er war daher nur ein Scheingewinn. Die Hauptposten entfielen auf Verringerung des Viehbestandes (Pferde und Schweine), mangelnden Ersatz der Investierungen, Wertminderung der Gebäude infolge unzureichender Unterhaltung, Bodenverzehr sowie Abbau der Vorräte an Futter- und Betriebsmitteln. Diese Umwandlung von Sachwerten in Geld setzte sich auch nach dem Kriege fort und führte durch Geldentwertung und Währungsreform (2) zu einem ausserordentlichen Kapitalverlust, der die Leistungsfähigkeit der deutschen Landwirtschaft stark herabsetzt.

Der echte Einkommenszuwachs der Landwirtschaft während des Krieges, der sich primär aus der Verbesserung der Preisverhältnisse, sekundär aus verringerten Schuldzinsen und vermehrten Guthabenzinsen ergab, belief sich also in fünf Kriegsjahren auf 5,2 Milliarden RM oder rd. 1 Milliarde RM im Jahresmittel. Die sogenannte "Unterbewertung der Landarbeit", die für die Vorkriegsjahre auf jährlich 3 bis 4 Milliarden Reichsmark geschätzt wurde, blieb also auch während des Krieges im wesentlichen bestehen. Allerdings lag die Beseitigung dieser "Unterbewertung" während des Krieges (im Gegensatz zur Vorkriegszeit) nicht im Rahmen der Ziele der Preispolitik. Für sie waren in erster Linie die allgemeinen Grundsätze der Finanz- und Preispolitik und darüber hinaus ernährungswirtschaftliche Gesichtspunkte massgebend. Preiserhöhungen wurden nur für einzelne Erzeugnisse zugestanden, sofern sie zur Lenkung der Erzeugung notwendig waren. Auf eine grundsätzliche Umgestaltung der Einkommenslage der Landwirtschaft konnte sie unter dem Zwang der Kriegsverhältnisse nicht gerichtet sein.

---

(1) H. L. Fensch, Die Geldbilanz der deutschen Landwirtschaft in den fünf Kriegsjahren 1939 bis 1944 (unveröffentlicht).
(2) Im Rahmen der Währungsreform vom Juni 1948 wurden 90 bzw. 93,5 vH des Bargeldes, der Reichsmarkforderungen, Bankeinlagen und Spargutguthaben gestrichen. Ausserdem wurden die Reichsanleihen für ungültig erklärt.

Literatur

Aereboe, Friedrich, Einfluss des Krieges auf die landwirtschaftliche Produktion in Deutschland. Berlin 1927.

Backe, Herbert, Um die Nahrungsfreiheit Europas. Leipzig 1942.

Bauer, Wilhelm, und Peter Dehen, Landwirtschaft und Volkseinkommen. Vierteljahreshefte zur Wirtschaftsforschung, Jg. 13 (1938/39), S. 411-432.

Böttcher, Günther, und Wilhelm Fuhrmann, Handbuch der Bezirksabgabestellen für Gartenbauerzeugnisse. In: Die Ernährungswirtschaft. Systematische Sammlung aller amtlichen Vorschriften der Ernährungswirtschaft mit Erläuterungen. Hrsg. von Hans Podeyn. Minden i. W. 1948.

Bonse, Burkhard, Der Einfluss der Zuckersteuerpolitik auf die Landwirtschaft unter besonderer Berücksichtigung der deutschen Verhältnisse. Münster 1927. Berlin, Landw. Diss. 1927.

Decken, Hans v. d., Entwicklung der Selbstversorgung Deutschlands mit landwirtschaftlichen Erzeugnissen. (Berichte über Landwirtschaft, N. F., Sonderh. 138.) Berlin 1938.

Donner, Otto, Die deutsche Kriegswirtschaft. In: Nauticus. Jahrbuch für deutsche Seeinteressen. Jg. 27 (1944).

Donner, Otto, Valutapolitik im Kriege. Weltwirtschaftliches Archiv, Bd. 58 (1943), H. 1, S. 27-50.

Donner, Otto, und Otto Barbarino, Die deutsche Preispolitik als Instrument der Wirtschaftslenkung. Archiv für Wirtschaftsplanung, Bd. 1 (1941), H. 1.

Donner, Otto, und Bernhard Benning, Kriegskosten und Grenzen der Staatsverschuldung. Jena 1942.

Fensch, H. L., Die Geldbilanz der deutschen Landwirtschaft in den 5 Kriegsjahren 1939/44 (unveröffentlicht).

Fensch, H. L., Die Unterbewertung der Landarbeit in den verschiedenen Betriebsgruppen der deutschen Landwirtschaft. Berichte über Landwirtschaft, N. F., Bd. 28 (1942/43), H. 2, S. 169-224.

Ferber, Ernst, Die Preisbildung bei den öffentlichen Aufträgen in Deutschland im Kriege. Weltwirtschaftliches Archiv, Bd. 59 (1944), H. 1, S. 134-156.

Gross, Paul (Hrsg.), Der Obst- und Gemüsemarkt. Bd. I: Das deutsche Marktangebot. Als Gemeinschaftsarbeit herausgegeben und bearbeitet. Hamburg und Berlin 1940.

Grüning, F., und H. Berber, Die Entwicklung der deutschen Ernährungslage seit der Vorkriegszeit. Untersuchung der Abteilung für zentrale Wirtschaftsbeobachtung bei der Reichswirtschaftskammer. Berlin 1937. (Unveröffentlicht).

Hanau, Arthur, Die Prognose der Schweinepreise. 3. vollst. neu bearb. Aufl. Vierteljahreshefte zur Konjunkturforschung, Sonderh. 18. Berlin 1930.

Hasselbach, W. v., Marktordnung oder Zwangswirtschaft? Politik und Wirtschaft, Bd. 4. Berlin 1942.
Isenberg, G., Das Einkommen in Stadt und Land. In: Agrarpolitik - Betriebslehre. Aktuelle Probleme. Forschungsdienst, Sonderh. 18. Neudamm 1943. S. 214-229.
Klauder, Gottlieb, Über die Unterbewertung der Landarbeit und ihre Beseitigung durch Preisveränderungen. Weltwirtschaftliches Archiv, Bd. 61 (1945), H. 1, S. 75-116.
Knauer, W., Der Beitrag des Gemüsebaues zu der Ernährung des deutschen Volkes. Berichte über Landwirtschaft, N. F., Sonderh. 141. Berlin 1938.
Liebe, Hans, Preisbildung bei Gemüse und Obst. Berichte über Landwirtschaft, N. F., Sonderh. 52. Berlin 1931.
Mehrens, B., Die Marktordnung des Reichsnährstandes. Schriften der Internationalen Konferenz für Agrarwissenschaft. Berlin 1938.
Meimberg, Rudolf, Die Gewinnabführung in Deutschland als Kriegsgewinnsteuer. Weltwirtschaftliches Archiv, Bd. 60 (1944), H. 3, S. 349-364.
Meinhold, Willy, Grundlagen der landwirtschaftlichen Marktordnung. Berichte über Landwirtschaft, N. F., Sonderh. 134. Berlin 1937.
Meyer, Konrad (Hrsg.), Gefüge und Ordnung der deutschen Landwirtschaft. Gemeinschaftsarbeit des Forschungsdienstes. Berlin 1939.
Müllenbusch, J., Die Organisation der deutschen Ernährungswirtschaft. Der Reichsnährstand. Berlin 1941.
Niehaus, H., Vergleich ländlicher und städtischer Einkommen. Das Problem des Preis- und Einkommensausgleichs. In: Agrarpolitik - Betriebslehre. Aktuelle Probleme. Forschungsdienst, Sonderh. 18. Neudamm 1943. S. 245-255.
Reichart, Georg, und Hans Adalbert Schweigert, Aufbau und Durchführung der landwirtschaftlichen Marktordnung. Flugschriften des Reichsnährstandes, H. 34. Berlin 1935.
Reischle, Hermann, Der volkswirtschaftliche Ausgleich zwischen Stadt und Land. Parole und Tat. Schriften der Wirtschaftspolitischen Parole, H. 3. München 1942.
Richarz, Hugo, Zuckerpolitik. Der deutsche Volkswirt, März 1935. - Zucker und Fett. Der deutsche Volkswirt, Nov. 1936.
Schaubilder zur deutschen und europäischen Ernährungswirtschaft. Bearbeitet im Institut für europäische Landbauforschung und Ernährungswirtschaft.
Schneider, Kurt, Deutschlands Gemüseversorgung mit Kopfkohl und Sauerkraut. Berlin 1939.
Stisser, R., Die deutsche Getreidemarktordnung. Weltwirtschaftliches Archiv, Bd. 47 (1938), S. 322-372.
Tessin, Ernst Wilhelm, Die deutsche Gartenbauwirtschaft und ihre Marktordnung. Diss. Berlin 1939.
Wagemann, Ernst, Wo kommt das viele Geld her? Geldschöpfung und Finanzlenkung in Krieg und Frieden. Düsseldorf 1940.
Warth, E. v. d., Die Vorausbestimmungen des deutschen Schweinebestandes und der Schweineauftriebe. Bilanz der deutschen Schweineproduktion. Berichte über Landwirtschaft, N. F., Sonderh. 39. Berlin 1931.
Wegener, Karl-August, Nationale Fettwirtschaft. Zusammenstellung der wichtigsten Bestimmungen der neuen Fettwirtschaft nebst kurzen Erläuterungen. Teil I: Margarine und Öle. Kempten/Allgäu 1933.
Woermann, Emil, Das landwirtschaftliche Preisgefüge und die Anwendbarkeit von Preisprämien. Kühn-Archiv, Bd. 60 (1943).

Woermann, Emil, 10 Jahre Erzeugungsschlacht und Ernährungswirtschaft. Die deutsche Agrarpolitik, Jg. 2 (1944), Nr. 4/5.

Woermann, Emil, Der Zuckerrübenbau in der Ernährungs- und Futterwirtschaft. Mitteilungen für die Landwirtschaft, Jg. 53 (1938), H. 45, S. 1031-1033.

Ziegelmayer, Wilhelm, Die Ernährung des deutschen Volkes. Dresden u. Leipzig 1947.

Statistiken, Zeitschriften

Statistisches Jahrbuch für das Deutsche Reich. Hrsg. vom Statistischen Reichsamt. Berlin.

Vierteljahreshefte zur Statistik des Deutschen Reichs. Hrsg. vom Statistischen Reichsamt. Berlin.

Wirtschaft und Statistik. Halbmonatsschrift, hrsg. vom Statistischen Reichsamt. Berlin.

Statistisches Handbuch von Deutschland. Bearbeitet im Ministerial Collecting Center. Fürstenhagen 1946.

Statistik der deutschen Milch- und Molkereiwirtschaft 1939. Bearbeitet in der Statistischen Abteilung der Hauptvereinigung der deutschen Milch- und Fettwirtschaft.

Landwirtschaftliche Statistik. Hrsg. vom Reichsnährstand. Berlin.

Statistische Zusammenstellungen. Bearbeitet in der wissenschaftlichen Abteilung des Stickstoffsyndikats. Jahrgägne 1937 und 1938.

Die Lage der deutschen Milchwirtschaft. Denkschrift, hrsg. vom Reichsministerium für Ernährung und Landwirtschaft. Berichte über Landwirtschaft, N. F., Bd. 12 (1930), H. 4.

Die deutsche Kriegsernährungswirtschaft. Ausgearbeitet vom deutschen Beraterstab der Food and Agriculture Branch, OMGUS.

Wochenbericht des Instituts für Konjunkturforschung. Berlin.

Blätter für landwirtschaftliche Marktforschung. Monatsschrift des Instituts für landwirtschaftliche Marktforschung. Berlin.

Mitteilungen für die Landwirtschaft. Wochenzeitschrift, hrsg. vom Reichsnährstand. Berlin.

Statistische Praxis. Monatszeitschrift für theoretische und angewandte Forschung, Verwaltungs- und Betriebsstatistik. Publikationsorgan des Statistischen Zentralamts der deutschen Wirtschaftskommission für die sowjetische Besatzungszone. Berlin.

Bei Fragen zur Produktsicherheit wenden Sie sich bitte an:
If you have any questions regarding product safety,
please contact:

Walter de Gruyter GmbH
Genthiner Straße 13
10785 Berlin
productsafety@degruyterbrill.com